도시락과 강아지의 기웃댐

도시락과

강아지의
기웃댐

한입만!
기웃댐을 멈출 수 없는
초간단 도시락·집밥 레시피

홍지영 지음
정멜멜 사진

위즈덤하우스

PROLOGUE

본격적으로 요리를 시작하기 전에는 도시락이나 집밥이 부지런한 사람들의 전유물이라고 생각했습니다. 처음 도시락을 싸게 된 계기는 부담스러운 점심식사 비용을 줄여보고자 시작한 것이었죠.

처음 준비하는 도시락에는 수많은 시행착오가 따랐습니다. 점점 입맛과 취향에 맞게 음식을 만들고 도시락을 싸는 재미를 느낄 즈음 한 끼, 두 끼 만든 식사를 SNS에 공유하기 시작했습니다. 그렇게 현재 기대 이상으로 많은 분들이 봐 주시는 계정이 되었는데요. 그때도, 지금도 일상에서 느끼는 행복에는 변함이 없습니다.

까만 콩 두 개가 콕콕 박힌 흰 주먹밥처럼 생긴 작은 강아지 뭉이와, 통통한 유부초밥을 닮은 황구 밀스와 함께하는 식사 준비는 항상 즐거운 일입니다. 하지만 강아지와 함께 산다는 것은, 이 작은 생명이 숨을 거둘 때까지 애정과 책임감을 느끼고 함께해야 한다는 다짐과 같지요.
뭉이는 관절이 약한 강아지라 병원 신세를 진 적이 많았습니다. 밀스는 우리 집으로 오기 전, 심장사상충 후유증으로 잠을 이루지 못한 날들을 보낸 시절이 있었습니다.

그래서 이 책은 저에게 의미가 깊습니다. 그날 먹을 음식을 요리하고 준비하며 스스로를 돌보는 성취감과 함께, 곁에 늘 있어 준 강아지들과 행복했던 삶의 기록을 남겨 보고 싶었습니다. 그동안 SNS에서 다 하지 못했던 이야기들을 적고, 바쁜 아침이나 퇴근 후 피곤한 저 같은 직장인들이 많지 않은 재료로 금방 만들어 한 끼를 편하고 기분 좋게 해결할 수 있도록 과정이 번거롭지 않고 속 편한 레시피들 위주로 소개했습니다. 나이가 들수록 자극적인 음식보다는 다음 날 속이 편한, 늦은 시간에 먹는 일이 생기더라도 부담이 없는 음식 위주로 찾아서 먹게 되더라고요. 실제로 책을 준비하면서 이 요리들을 줄곧 먹었더니 안색이 밝아지고, 덤으로 다이어트 효과도 톡톡히 보았답니다.

쉽고 맛있게 즐길 수 있는 레시피들과 강아지와 함께하는 일상의 아름다움, 그 속에서 느꼈던 따스한 감정들이 책을 펼친 여러분의 하루 끝에 작은 미소로 번지기를 소망합니다. 이 책이 세상에 나올 수 있도록 많은 도움을 준 가족과 연인, 친구들과 편집자님께 감사드립니다.

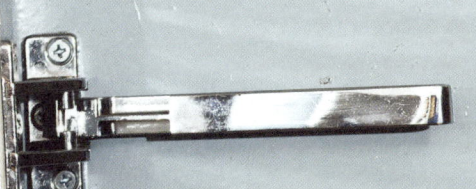

CONTENTS

PROLOGUE

자주 쓰는 식재료

애착 도구와 도시락 용기

추천하는 소스

밀스와 뭉이가 먹는 것들

트위터 Q&A

Lunch Box
도시락

뭉이 이야기 (048)

(056)	콜드파스타샐러드	밀스 01 (062)
(066)	제노베제브루스케타	
(072)	햄치즈크루아상	
(076)	치킨케사디야	
(080)	간장치킨포케	
(084)	생연어과카몰리포케	뭉이 01 (088)
(090)	크래미샐러드	
(094)	수란버섯오픈샌드위치	
(098)	멕시칸샐러드	
(102)	와사비땅콩버터샐러드파스타	
(106)	타볼리샐러드와 후무스	
(110)	케일쌈밥도시락	
(116)	부라타치즈샐러드	
(120)	두부유부초밥	밀스 02 (124)
(128)	닭가슴살햄치즈샌드위치	
(134)	구운연어병아리콩아보카도샐러드	
(140)	껍질콩새우현미도시락	
(146)	닭가슴살리코타샐러드	
(150)	동그랑땡도시락	
(154)	전복버터구이소고기달걀말이도시락	

106

262

134

Moong

184

216

Mills

One Plate
집밥

밀스 이야기 (164)

- (170) 컵오트밀달걀찜
- (174) 배추찜 — 뭉이 02 (180)
- (184) 양배추크림스튜 — 밀스 03 (188)
- (190) 토마토달걀볶음
- (194) 바질새우리소토
- (198) 단호박수프
- (204) 토마토칼국수 — 뭉이 03 (208)
- (212) 치킨크림스튜
- (216) 닭가슴살냉채
- (222) 비지배추만둣국
- (226) 순두부치킨샐러드
- (232) 시금치닭가슴살무침
- (238) 두부그라탱
- (244) 당근라페
- (250) 낫도덮밥
- (254) 토마토수프
- (258) 들깨굴미역국
- (262) 피자가게 미트스파게티
- (266) 간단 토르티야피자
- (272) 중국냉면

자주 쓰는 식재료

냉장고에 항상 떨어지지 않게 갖춰 두는 재료들입니다. 책에 소개한 레시피에 주로 사용되고, 다른 요리에도 쉽게 응용할 수 있는 만능 식재료이지요.

파스타 면은 이제 막 혼자 살기 시작한 분들이나 구성원이 많은 가정 그 어디에서도 찬장에 하나쯤 들어 있는 식재료일 거예요. 올리브유 두른 팬에 마늘을 넣고 소금과 후추로 간해서 슬슬 볶기만 해도 근사한 요리가 되니까요. 면이 가늘어 산뜻한 느낌을 주는 스파게티니와, 수제비처럼 쫄깃한 식감의 오레키에테를 항상 구비해 두고 다양한 요리에 활용하고 있어요. 시판 파스타 소스에 휘리릭 볶기에도, 샐러드에 넣어 든든하게 먹기에도 좋습니다. 삶아서 올리브유에 버무린 뒤 소분해 냉장고에 넣어두면 한참이고 붙지 않아 여러모로 활용도가 좋은 식재료입니다.

= 파스타 면 =

1인 가구의 고민 중 하나. 채소를 챙겨 먹어야 할 것 같은데 남기면 보관이 힘드니 이를 어쩌나. 저도 예외는 아니었습니다. 그러던 중 갑자기 눈앞에 나타난 멋진 채소 알배추! 생으로 먹으면 아삭하니 맛있고, 살짝 쪄서 먹으면 부드러워서 엄청 많은 양을 먹을 수 있어요. 국으로 끓여도 안성맞춤이고, 반찬이나 찌개, 찜, 샐러드 등 여기저기 아무 데나 넣기 좋아서 냉장고에 항상 구비되어 있는 채소지요.

= 알배추 =

한번 사서 밀폐용기에 잘 보관해 두면 제법 오래 먹을 수 있는 냉장고 상비 재료입니다. 소화기에도 좋아 부담 없이 언제든 먹기 편하고 맛있는 양배추의 매력에 푹 빠져 있어요. 쯔유와 참기름을 섞어 소스를 만든 다음 생양배추를 찍어서 먹어 보세요. 얇게 채 썰어서 참깨소스에 버무린 샐러드로도 좋지요. 스튜나 고기말이 같은 요리에도 두루 쓰입니다.

= 양배추 =

냄새부터 고소한 달걀프라이를 싫어하는 분은 없을 거예요! 완숙도 포근하니 맛있고, 노란 윤기가 반짝반짝한 반숙 노른자를 보면 그 순간 입안 가득 군침이 한가득 고이지요. 잔뜩 삶아서 끼니때마다 하나씩 곁들여도 좋고, 달걀물을 풀어 냉장고에 남은 자투리 채소들을 송송 썰어 넣고 도톰한 달걀말이를 만들면 한 끼 반찬도 뚝딱이고요. 고단백과 저지방, 비타민, 미네랄이 풍부하다고 하니 영양 면에서도, 활용도 면에서도 최고의 식재료입니다. 냉장고에 항상 떨어지지 않게 두고 있습니다.

= 달걀 =

아침 식사 대용으로 휘리릭 먹어도 좋고, 토마토소스와 치즈를 곁들여 오븐에 구우면 근사한 양식 요리인 그라탱으로 변신하기도 하는 만능 재료입니다. 칼로리도 적고 소화도 잘되어 저에게는 구세주 같은 식재료예요. 꼭 연두부가 아니라 일반 두부도 좋습니다.

= 연두부 =

얼마 전 병아리콩을 에어프라이어에 구웠더니 너무나도 고소하고 바삭한 간식이 되어 오며 가며 주워 먹기 딱 좋더라고요. 트위터에 소개했는데 정말 많은 분들이 리트윗 해 주셔서 놀랐습니다. 물에 불린 뒤 삶거나 볶아서 샐러드에 활용하면 포만감도 좋고 맛있는 한 끼 식사가 되어 정말 추천하고 싶은 식재료입니다.

= 병아리콩 =

애착 도구와 도시락 용기

도시락을 싸기로 마음먹었다면 설레는 마음으로 도시락 용기부터 한참을 고르게 되지요. 실제로 제가 잘 쓰고 있는 도시락 용기와 조리 도구들을 소개할게요.

도시락 용기로 귀엽고 예쁜 것을 이것저것 구매해 보았는데요, 결국 가장 많이 쓰는 것은 기본 느낌의 락앤락 밀폐 보관 용기(1.2ℓ)였습니다. 내용물이 잘 넘치지 않고 군더더기 없어 손이 제일 많이 가는 케이스예요. 원형으로 된 나무 케이스는 어떤 음식을 담아도 정갈하고 맛있게 보여서 기분 내고 싶은 날 종종 사용합니다.

= 도시락 용기 =

무인양품 검은색 실리콘 주걱은 스튜나 카레 같은 점도가 있는 음식을 끓일 때 냄비 벽면에 묻은 것까지 깔끔하게 모아 주어 아주 유용하게 쓰고 있어요. 모양새가 예뻐서 쓸 때마다 기분이 좋은 것은 덤이고요! 나무 주걱은 재료를 계량할 때나 팬에서 볶음 요리를 할 때 주로 씁니다. 특히나 코팅 팬은 쇠로 된 도구로 긁으면 기스가 쉽게 나곤 해서 반드시 나무로 된 숟가락이나 주걱을 사용하고 있습니다. 요리가 끝나고 식사할 때도 그대로 쓰기 편하니 일석이조입니다.

= 주걱 =

레시피 따라 재료 계량을 하다 보면 계량컵을 쓸 일이 생각보다 자주 있습니다. 하나쯤 구비해 두면 아주 유용할 거예요. 저는 플라스틱으로 된 다이소 작은 계량컵, 옥소 굿 그립 큰 계량컵 이렇게 하나씩 구비해 둘 다 무척 자주 사용하고 있습니다.

= 계량컵 =

한창 요리하다가 잠깐 업무를 볼 때도 있어서 타이머가 있으면 생각보다 유용합니다. 물이 끓어 넘칠 일도 방지해 주고, 적절한 시간을 지켜서 요리를 끝마치게 해 줍니다.

= 타이머 =

주로 요리를 할 때 메인으로 쓰는 칼은 네모난 막칼을 쓰고, 과일 같은 경우는 과도를 사용합니다. 식빵에 소스를 바를 때 애용하는 버터나이프는 트라몬티나 제품이에요.

= 칼과 버터나이프 =

추천하는 소스

도시락을 싸거나, 혼자 식사할 때 유용하게 사용하고 있는 소스들입니다. 그때 그때 사용한 시판 소스들은 레시피마다 표기해 두었으니 참고하세요.

우동이나 샤부샤부 등 다양한 곳에 활용하고 있는 농축 육수 두 가지를 소개합니다. 요즘 이런 제품이 시중에 많이 나와 있는데, 저는 이 산들애 가쓰오 육수를 애용 중이에요. 책 속 레시피에도 자주 등장한답니다. 가쓰오 육수가 없을 때 대체 가능한 일본식 맛간장인 쯔유 역시 기대 이상으로 활용도가 좋아요. 달걀찜이나 배추찜, 일본식 덮밥이나 샤부샤부 등 육수와 소스 두 가지에 모두 다 활용할 수 있습니다.

= 산들애 가쓰오 육수&쯔유 =

양식, 중식 요리 모두 빠질 수 없는 치킨스톡. 맛이 애매할 때 치킨스톡 1큰술을 넣으면 모든 것이 해결되는 느낌이라 저에겐 요리의 치트키 같은 존재이지요. 가루와 고형, 액상 등 여러 가지 종류로 나와 있는데, 저는 쉽게 풀어지는 액상을 사용하고 있습니다.

= 치킨스톡 =

다이어트를 시도해 본 분들이라면 이미 많이들 알고 있을, 저칼로리 칠리소스입니다. 확실히 케첩보다 단맛이 덜하고 매콤한데다 칼로리가 거의 없는 기특한 소스라서 손이 자주 갑니다. 간이 살짝 심심할 때 스리라차를 곁들이면 만사 오케이예요.

= 스리라차 =

갈아서 쓰는 치즈는 한번 마음 먹고 사 두더라도 금방 건조해져서 고민이었어요. 그런데 파르메산 치즈가루 한 통을 구비해 두니 수프 끓일 때도 뿌리고, 샐러드에도 뿌리고, 심지어 감자를 구웠을 때도 뿌리면 모양이 근사해져서 활용도가 정말 좋습니다.

= 파르메산 치즈가루 =

재료를 굽거나 볶을 때 사용하는 기본 기름으로 올리브유를 주로 사용합니다. 샐러드 마무리에 뿌리면 근사한 드레싱이 됩니다.

= 올리브유 =

동그랑땡에 찍어 먹는 소스나 샌드위치를 만들 때 가장 기본이 되는 소스입니다. 둘 다 하인즈 제품을 사용하고 있어요.

= 케첩과 머스터드 =

27

밀스와 뭉이가 먹는 것들

음식을 먹을 때 강아지가 옆에 와서 기웃대는 것은 꼭 저희 집만의 이야기는 아닐 겁니다. 게다가 강아지의 애타는 눈빛을 이기지 못하는 반려인 분들도 많을 거예요. 인터넷에 '강아지+음식 이름'을 검색하면 결과가 수두룩하게 나오는 것만 봐도 그렇습니다. 제가 강아지들에게 종종 급여하는, 사람과 함께 먹을 수 있는 음식들을 소개할게요. 다만 강아지의 나이와 크기에 따라 적절한 양을 제공해야 합니다.

닭가슴살은 낮은 지방 함량과 풍부한 단백질을 자랑하는 대표적인 식재료입니다. 소화도 잘되고 칼로리가 낮아서 강아지 간식으로도 참 좋은 음식이에요. 잘 익힌 뒤 작게 잘라서 급여하는 것을 추천합니다. 강아지가 물을 잘 마시지 않는 경우 닭가슴살 삶은 물을 주는 것도 방법이 될 수 있습니다.

= 닭가슴살 =

= 바나나 =

바나나는 강아지마다 호불호가 있는 것 같지만 밀스는 바나나의 향긋한 느낌이 마음에 들었는지 아주 좋아하는 간식 중 하나입니다. 다만 당분이 높은 과일이다 보니 얇게 저며서 한 조각씩 급여하고 있습니다.

고구마를 싫어하는 강아지는 아마 없을 거예요. 강아지가 가을에 살이 쪄서 병원에 오면 고구마 때문이라는 우스갯소리가 있을 정도니까요. 고구마는 강아지가 좋아하는 달콤한 맛이 나고, 식이섬유 등의 영양소가 풍부해서 강아지에게 좋은 간식입니다. 하지만 과유불급이라는 말이 있듯, 과량 급여하면 비만의 원인이 될 수 있으니 강아지에게 나눠 줄 때는 꼭 부드럽게 삶아서 소량만 급여해 주세요.

= 고구마 =

= 황태 =

황태는 풍부한 단백질과 미네랄, 오메가-3 지방산 등이 함유되어 있어 강아지 건강 간식으로 이미 유명하지요. 다만 우리가 먹는 황태에는 염분이 포함되어 있어 강아지에게 좋지 않습니다. 몇 번 데쳐내어 소금기를 제거하고 급여하거나, 강아지용으로 나온 제품을 급여하는 것이 좋습니다.

밀스의 주력 사료

= 뉴트리소스 그레인프리 치킨&피 =

밀스는 큰 몸을 가지고 있는 만큼 밥도 아주 많이 먹는 친구입니다. 처음에 사료를 선정할 때는 고가의 사료나 입소문이 난 사료, 친구들의 반려견이 '먹는 사료' 등 많은 사료를 테스트해 보았어요. 그 중 기호성과 가격이 제일 적당한 뉴트리소스로 정착했습니다. 밀스도 정말 만족하고 있어요.

뭉이의 주력 사료

= 밥이보약 DOG 튼튼한 관절 =

뭉이는 아주 작은 푸들이에요. 크기는 작지만 아주 용감한 친구랍니다. 그래서인지 높은 곳에 올라가 앉아 있거나, 식구들을 지켜 주려는 듯 망을 보는 모습을 보여주기도 하지요. 종종 마음이 급해지면 높은 의자나 소파에서 뛰어내리고는 합니다. 최근 관절이 걱정되어 이 부분에 특화된 사료를 골라 급여하고 있습니다.

트위터 Q&A

1 @patnim_
기웃대는 강아지에게도 도시락을 나눠 먹을 기회가 주어지는지 궁금해요!

 도시락과 왕강아지의 기웃댐 @ihatepangyo
닭가슴살이나 양상추 같은 간이 되지 않은 재료들은 한입 정도씩 나눠 주곤 합니다! 요리하다 저도 모르게 흘린 재료를 치우는 것도 강아지 담당이고요.(양파처럼 먹으면 안 되는 식재료는 바로 치우지요.) 건식 사료 위주로 먹이고 있어서 강아지를 위한 도시락을 만들어 본 적은 없지만, 고구마를 말려서 수제 간식을 만들거나 바나나를 조금씩 잘라 나눠 먹고 있습니다.

2 @ppang_meog_ja
뭉이와 밀스 둘의 사이가 궁금합니다. 친한지 데면데면한지 궁금해요.

 도시락과 왕강아지의 기웃댐 @ihatepangyo
밀스는 사람이나 강아지 모두에게 큰 관심이 없어요. 오직 장난감과 먹을 것에만 관심이 있지요. 반대로 뭉이의 주요 관심사는 가족들의 관심을 빼앗기지 않는 것이기 때문에… 뭉이가 밀스를 경계하는 것은 어쩔 수 없는 결과이지 않았나 하는 생각이 드네요. 그래도 다 같이 사이좋게 지냈으면 하는 마음에 가끔 인사시켜 주려고 합니다. 언젠가 친해져서 한 공간에 있는 날이 오면 좋겠어요.

3 @dbzldp43
어쩌다 밀스와 뭉이라는 이름을 갖게 되었나요? 정말 잘 어울려요~

 도시락과 왕강아지의 기웃댐 @ihatepangyo
사실 이건 조금 부끄러운 계기인데요. 처음에 밀스를 아주 잠시 데리고 있을 줄로만 알고 덩치가 크고 잘 웃으니까 래퍼 던밀스의 '밀스'로 하자… 하고 지었던 이름이었습니다.
뭉이는 당황스럽게도 멍멍이의 '뭉이'입니다. 둘 다 이름 짓게 된 계기가 웃기긴 하지만 잘 어울린다니 결과적으로 잘된 것이 아닐까 하는 생각이 드네요….

4

@mycupoftea_do
밀스의 가장 격한 애정 표현은 무엇인가요? 잘 안기는 멍멍이가 아닌 것 같아 궁금합니다!

도시락과 왕강아지의 기웃댐 @ihatepangyo
네 맞아요, 잘 보셨습니다! 밀스의 가장 친근한 애정 표현은 쓰다듬을 때 손에 얼굴을 기대오거나, 정말 가끔 엉덩이를 쓰다듬어달라고 하는 정도가 다입니다. 원래 길에서 시간을 많이 보냈던 강아지라서 그런지 드러누워 배를 보여주거나 먼저 품에 안기거나 하는 일은 전혀 없지만, 같이 시간을 보내는 동안 더 가까이 다가와서 앉기도 하는 등 표현이 점점 많아지고 있어요. 앞으로 함께 있는 동안 더 재미있는 일이 많이 있을 것 같아 기대하고 있습니다.

5

@maybesalty
왕강아지 밀스의 식습관은 어떤가요? 밥그릇 설거지 싹싹 해서 먹는지, 주는 대로 가리지 않고 잘 먹는 강아지인지, 싫어하는 음식이 있는지… 밀스의 모든 것이 궁금합니다.

도시락과 왕강아지의 기웃댐 @ihatepangyo
밀스는 밥도 싹싹 다 먹고 싫어하는 음식이 없는 강아지인 것 같아요. 여름에는 달콤한 참외 향기에 덩달아 행복해하고, 먹고 있는 요거트 뚜껑을 조금 핥게 해 주면 그것마저도 정말 좋아하고요. 얼마 전엔 유당이 들어 있지 않아 강아지도 마실 수 있는 우유를 나눠 준 적이 있었는데, 얼마나 맛있었던지 다리를 달달 떨어가며 먹기에 한참 웃었던 기억이 있네요.

6

@dmiss4
강아지들이 기웃대지 않은 도시락들의 공통점이 궁금합니다! ㅋㅋㅋ

도시락과 왕강아지의 기웃댐 @ihatepangyo
강아지들은 좋아하는 메뉴든 아니든 사람이 부엌에 있으면 뭘 하는지 항상 궁금해해서 일단 와서 참견하고 보는 공통점이 있어요. 샐러드나 순두부처럼 특별한 냄새가 나지 않는 도시락은 금방 흥미를 잃고 자기 할 일을 하러 가는 편입니다. 반면 닭가슴살을 삶으면 한입 얻어먹을 때까지 절대 근처를 떠나지 않더라고요.

7

@Decadence999
밀스를 원래 임시 보호하셨다고 알고 있는데요, 정식으로 가족으로 맞이하게 된 계기가 궁금해요!

도시락과 왕강아지의 기웃댐 @ihatepangyo
계기가 딱히 있었던 것은 아닌데, 강아지가 저를 보면서 웃고 있는 얼굴을 보고 있으니 어디 보낼 수가 없다는 생각이 들어 입양하기로 결정했어요. 이렇게 입양하는 분들이 꽤 많다고 하던데, 저도 예외는 아니었습니다… 처음에는 정말 잠깐만 맡으려고 했었는데, 지금은 밀스가 없는 집 풍경을 상상할 수 없게 되었어요.

8

@ttongmeongchung
같이 먹을 수 있는 요리를 해서 나눠 드셨던 적이 있나요? 분명 그런 경험이 있는 표정인데…!!

도시락과 왕강아지의 기웃댐 @ihatepangyo
앞서 소개한 수제 고구마말랭이나 닭가슴살을 얇게 저며서 말려 과자처럼 만들어 먹곤 합니다. 처음부터 강아지와 나눠 먹을 생각으로 간을 하지 않고 만드는데요. 에어프라이어에서 갓 꺼낸 따끈따끈한 말랭이를 저 한입, 강아지 한입 나눠 먹을 때… 정말 행복한 순간입니다.

9

@neumneum_da
밀스는 새끼 강아지일 때부터 눈썹이 있었나요? 흐릿한 눈썹이 볼 때마다 너무 귀여워요. 오므라이스에 뿌려 먹는 소스는 직접 만들어서 사용하시는지도 궁금합니다. 엄청 맛있어 보였어요!

도시락과 왕강아지의 기웃댐 @ihatepangyo
밀스는 유기견이라 처음 저희 집으로 왔을 때 이미 세 살이었어요. 저도 밀스의 어린 시절 사진 한 장만 볼 수 있다면… 하고 종종 생각하고는 합니다.
오므라이스에 뿌리는 소스는 보통 케첩과 돈까스소스, 굴소스를 1:1:1 비율로 섞어서 사용하고, 냉동식품에 들어 있는 소스를 남겨 두었다가 사용하기도 합니다.

10

@Dooduglee
강아지들의 반응이 특히 격했던 음식들이 궁금해요!

도시락과 왕강아지의 기웃댐 @ihatepangyo
보통 닭가슴살을 삶으면 '나를 위한 닭가슴살이구나!' 하고 생각하는지 부엌 근처에서 계속 기대하는 얼굴로 기웃대더라고요. 단맛이 나는 과일도 좋아해요. 대체로 향이 강한 음식들을 좋아하는 것 같아요.

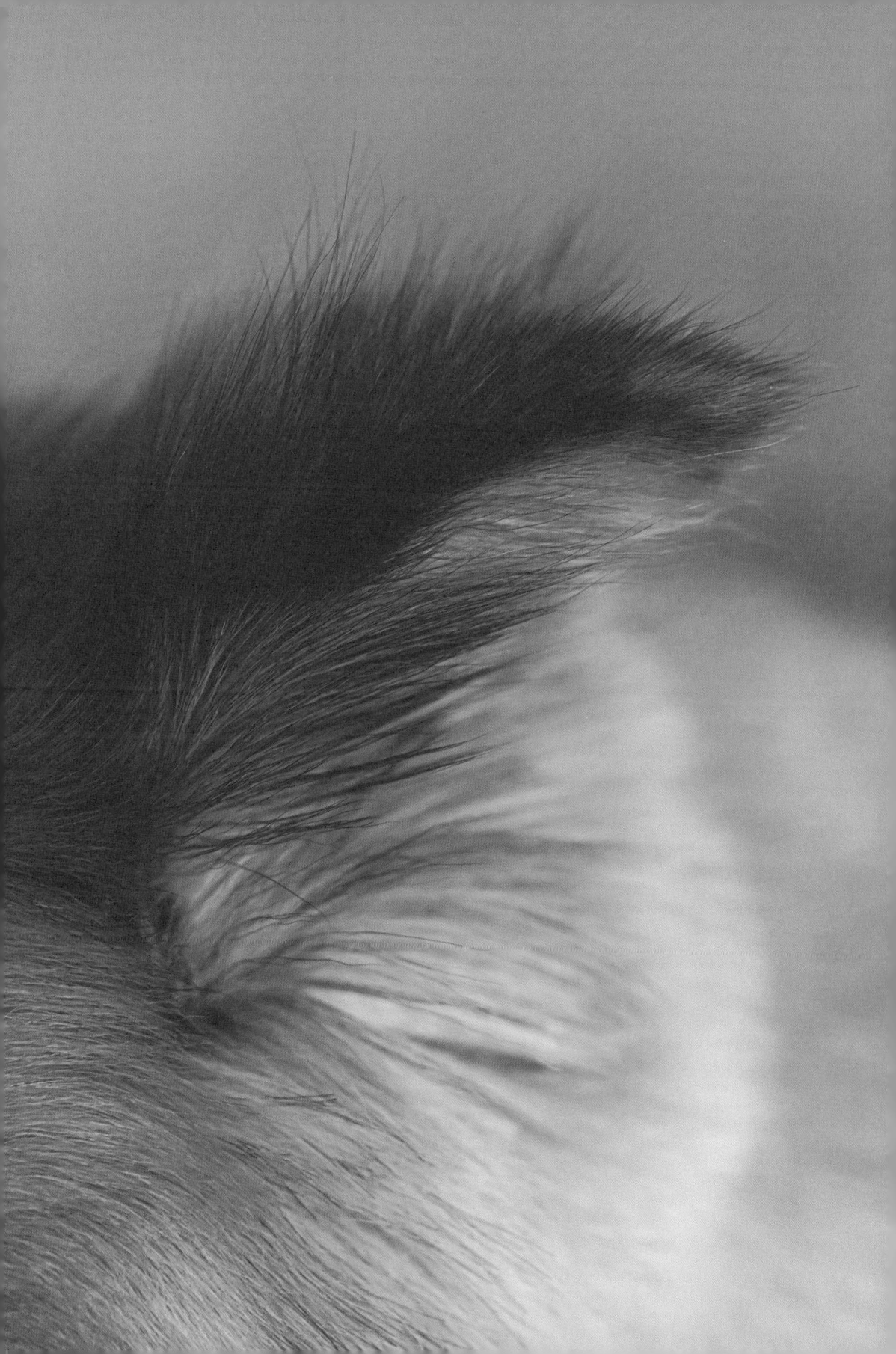

- 이 책의 계량은 1큰술 기준 액체류는 10㎖, 가루류는 15g입니다. 일반 가정에서도 편하게 계량할 수 있도록 밥숟가락을 기준으로 했습니다.
- 조리 시 올리브유를 사용했으나, 모든 식물성 오일류로 대체 가능합니다.
- 소스나 치즈, 소금, 설탕 등은 간을 보고 취향에 따라 자유롭게 조절하세요.

**CHAPTER
1**

Lunch Box
도시락

콜드파스타샐러드

제노베제브루스케타

햄치즈크루아상

치킨케사디아

간장치킨포케

생연어과카몰리포케

크래미샐러드

수란버섯오픈샌드위치

멕시칸샐러드

와사비땅콩버터샐러드파스타

타볼리샐러드와 후무스

케일쌈밥도시락

부라타치즈샐러드

두부유부초밥

닭가슴살햄치즈샌드위치

구운연어병아리콩아보카도샐러드

껍질콩새우현미도시락

닭가슴살리코타샐러드

동그랑땡도시락

전복버터구이소고기달걀말이도시락

뭉이 이야기

Moong's story

뭉이는 아주 어렸을 때 옅은 베이지색의 부드러운 크림 같은 털을 가진 강아지였습니다. 시간이 지날수록 털 색깔이 더욱 하얗게 되어 지금은 새하얀 뭉게구름 같은 강아지가 되었지요. 이제 뭉이는 우리 집의 당당한 일원이 되어 사랑둥이 막내 역할을 톡톡히 하고 있습니다. 어떤 때에는 방에 드러누워 쉬는 저보다 더 사람 같아 보일 때도 있지요. 산책하다가 만난 다른 강아지 친구들을 심드렁하게 바라보는 모습을 보고 있으면, 뭉이는 강아지 사회에서 필요한 지식보다 훨씬 더 많은 것을 조그만 머릿속에 넣어 두고 있다는 느낌이 듭니다.

뭉이는 정작 먹을 것에 큰 욕심이 없으면서도 항상 부엌에 앉아 있습니다. 요리하는 사람이 가족 중 누구라도 상관없어요. 엄마가, 누나가, 형이 지금 뭐 하는 거지? 호기심 가득한 표정을 하고 쥐눈이콩처럼 새까만 눈을 초롱초롱 빛내며 두 다리를 싱크대에 올려 둡니다. 그게 집밥이든 도시락이든 뭉이는 부엌에서 일어나는 모든 일들이 항상 궁금합니다.

제게 도시락은 준비해서 가방에 넣으면 끝이 아닙니다.

뭉이는 식성이 까다로워 유독 잘 먹는 재료가 있고, 잘 먹지 않는 재료가 확실하게 나뉘어 있는데요. 셀러리나 토마토, 딸기는 먹지 않지만, 상추는 아주 잘 먹습니다. 특히 잘 먹지 않는 음식들은 조금 씹고는 바로 구석에 숨겨 놓지요. 대체 왜 음식을 숨겨 두는 걸까요? 어쩌면 다음에 한 번 더 시도해보려는 뭉이의 계획일 수도 있지요. 하지만 사람은 강아지가 어떤 생각으로 먹을 것을 숨겨 놓는지 결코 모릅니다. 도시락 준비는 뭉이가 씹다 숨긴 이런 재료들까지 치워야 비로소 끝이 납니다.

많은 직장인이 그렇듯 점심을 매일 밖에서 사 먹는 일은 지갑 사정에 꽤나 부담이 됩니다. 궁여지책으로 도시락을 싸서 다닌 지는 대략 3, 4년 정도 되었고요. 준비가 한창인 식탁 옆에서 언제나처럼 올려다보는 뭉이의 모습이 귀여워 도시락과 함께 사진을 찍어 두었는데, 강아지와 레시피를 모아서 보고 싶다는 주변 친구들의 이야기에 '도시락과 강아지의 기웃댐' 트위터 계정을 만들게 되었습니다.
한 장, 두 장 기록한 사진과 레시피는 햇수로 2년. 트윗 수로 300개 이상이 쌓였는데요. 그동안 뭉이와 함께 우리가 생활하는 모습도 많이 바뀌었어요. 이 강아지도 함께한 시간만큼 우리 가족의 사랑과 관심을 무럭무럭 먹고 자라 지금도 부엌에서 까만 두 눈을 빛내고 있습니다.

RECIPE 1

콜드파스타샐러드

신선한 채소 믹스에 쫄깃하고 든든한 리가토니 파스타, 향긋한 소스를 곁들인 샐러드입니다. 자칫 허기질 수 있는 샐러드에 파스타를 채우면 든든하지요. 파스타는 삶아서 올리브유에 버무려 두면 일주일은 보관할 수 있어 밀프렙에 안성맞춤인 식재료입니다. 어떤 파스타라도 좋지만 리가토니라면 볼드한 크기로 도시락에 화려함을 더해줄 거예요!

1~2인분 ●리가토니 80g ●오이 ¼개 ●컬러 방울토마토 10개 ●건과일(건포도, 건크랜베리 등) 5g ●보코치니 치즈 6알 ●그라나 파다노 치즈 적당량 ●바질 페스토 3큰술 ●올리브유 7큰술 ●올리고당 2큰술 ●레몬즙 2큰술 ●면수용 소금 1큰술 ●소금 약간 ●후추 약간

① 냄비에 물 1ℓ를 담고 면수용 소금을 넣은 뒤 끓어오르면 리가토니를 넣어 중간 불에서 13분간 삶습니다. ② 삶은 리가토니는 체에 건져 물기를 뺀 뒤 볼에 담고 올리브유 1큰술을 뿌려 골고루 섞어 한 김 식혀 둡니다. *Tip 삶은 파스타는 물기를 빼고 곧바로 올리브유에 버무려야 서로 달라붙지 않아요.* ③ 방울토마토는 반으로 썰고, 오이는 동그란 모양을 살려 썹니다. ④ 볼에 방울토마토와 올리브유 3큰술, 올리고당, 레몬즙, 소금, 후추를 담고 잘 섞어 마리네이드합니다. ⑤ 다른 볼에 바질 페스토와 올리브유 2큰술을 넣고 잘 섞은 뒤 식혀 둔 리가토니를 넣어 골고루 버무립니다. ⑥ 도시락 용기에 잘 버무린 리가토니를 먼저 담고 마리네이드한 방울토마토와 보코치니 치즈, 건과일을 올립니다. ⑦ ⑥에 올리브유 2큰술을 뿌리고, 그라나 파다노 치즈를 그레이터로 갈아 뿌려 마무리합니다.

◆ 바질 페스토에 올리브유를 섞는 이유는 소스처럼 곁들이기 위해서예요.

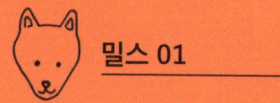 밀스 01

콜드파스타샐러드

대부분의 편견이 그렇듯 우리도 밀스가 당연히 고기를 좋아할 줄 알았지만, 이 순한 강아지는 정말로 아무거나 다 잘 먹습니다. 부엌에 있는 것이면 전부 자기가 먹을 수 있는 것인 줄 알기 때문입니다.
밀스가 특히 좋아하는 것은 작게 자른 오이, 달콤한 초당옥수수 씨눈과 고소한 찰옥수수 몇 알, 예쁘게 생긴 방울토마토, 잘 익어 단내가 폴폴 나는 커다란 참외입니다.

그래서인지 유독 콜드파스타샐러드를 만들 때면 밀스는 아주 신이 나 보입니다. 바닥에 떨어진 양상추 조각과 캔 옥수수 몇 알을 주워 먹고, 깨끗하게 씻은 방울토마토를 소중히 자리로 가지고 옵니다. 콜드파스타샐러드의 날이 되면 밀스는 생일상을 받은 강아지처럼 포식합니다.

이 강아지는 우리가 모르는 곳에서 태어나고 바깥에서 자랐으므로 밀스가 어느 계절에 태어났는지 아는 사람은 이 세상에 다섯 명도 채 되지 않을 것입니다.

그래도 더위를 많이 타는 이 강아지는 매일 생일인 것처럼 잘 웃습니다.

RECIPE 2

제노베제브루스케타

바삭하게 구운 바게트 위에 향긋한 바질 페스토와 방울토마토를 올린 가벼운 핑거 푸드입니다. 간단한 식사로도 좋고, 손이 많이 가지 않아도 식탁에 화려함을 더해주어 집에 반가운 손님이 찾아왔을 때 대접하기 좋은 메뉴입니다.

1~2인분 ●바게트 ¼개 ●방울토마토(빨간색, 노란색) 5개 ●마늘 1알 ●바질 5g ●바질 페스토 2큰술 ●생모차렐라 치즈 50g ●그라나 파다노 치즈 적당량 ●올리브유 1큰술 ●발사믹 글레이즈 약간 ●소금 약간 ●후추 약간

① 바게트는 1cm 두께로 비스듬히 자릅니다. ② 달군 팬에 바게트를 올리고 중간 불에서 앞뒤로 노릇하게 굽습니다. *Tip 오븐이나 에어프라이어를 사용할 경우 180도에서 5분간 돌리세요.* ③ 방울토마토와 생모차렐라 치즈는 사방 1cm 길이의 정육면체 모양으로 다집니다. ④ 바질은 둥글게 말아 채 썰고, 마늘은 곱게 다집니다. ⑤ 볼에 손질한 방울토마토와 생모차렐라 치즈, 바질, 마늘, 올리브유, 소금, 후추를 넣고 잘 섞은 뒤 그라다 파다노 치즈를 그레이터로 갈아 뿌립니다. ⑥ 노릇하게 구운 바게트 위에 바질 페스토를 골고루 펴서 바릅니다. ⑦ 바질 페스토 위에 ⑤를 가볍게 올립니다. ⑧ 올린 재료 위에 발사믹 글레이즈와 올리브유를 살짝 뿌려 마무리합니다.

◆ 브루스케타는 정해진 레시피가 없기 때문에 그때그때 있는 식재료와 입맛에 따라 얼마든지 변형이 가능해요. 꼭 바게트가 아니더라도 남은 식빵을 이용해 만들어도 충분합니다. 냉장고에 연어나 아보카도가 남아 있다면 같이 올려 보세요!

RECIPE 3

햄치즈크루아상

그냥 먹어도 맛있는 크루아상에 신선한 채소들과 햄과 치즈를 넣어 만든 간편한 한 끼입니다. 샌드위치의 가장 좋은 점은 내가 좋아하는 맛으로만 가득 채울 수 있다는 점이 아닐까요? 각자의 냉장고 사정에 맞춰, 혹은 계절에 맞는 제철 채소로 속을 채워 주세요.

1~2인분 ●크루아상 1개 ●슬라이스 햄 2장 ●슬라이스 치즈 3장 ●머스터드 ½큰술

① 크루아상을 세로로 반 가릅니다. ② 자른 안쪽 위아래 단면에 머스터드를 골고루 펴 바릅니다. ③ 아래쪽 면에 슬라이스 치즈를 1장 깔고 그 위에 슬라이스 햄을 반 접어서 올립니다. ④ 반 접은 슬라이스 햄 위에 슬라이스 치즈를 1장 더 올립니다. ⑤ 180도로 예열한 오븐이나 에어프라이어에 넣고 치즈가 살짝 녹을 때까지 3분간 돌립니다.

◆ 치즈를 듬뿍 넣어 먹고 싶은 기분이 들면, 크루아상 윗부분에 칼집을 넣고 사이사이로 치즈를 꽂아 넣어서 뚜껑부터 치즈가 흘러내리도록 만들 때도 있어요. 또는 치즈를 그레이터로 갈아 뿌려서 구우면 바삭한 치즈의 느낌을 연출할 수 있답니다.

RECIPE 4

치킨케사디야

두 가지 치즈와 나초소스로 속재료를 가득 채운 닭가슴살 케사디야입니다. 소스나 시즈닝만 준비되어 있다면 집에 있는 재료로 이색적인 맛을 느낄 수 있다는 게 가장 큰 장점인 메뉴입니다. 도시락에서 여행지의 맛을 느껴 보세요.

1~2인분 ●토르티야 3장 ●완조리닭가슴살 200g ●양파 ½개 ●파프리카(빨간색, 노란색) ½개씩 ●할라페뇨 10g ●멕시칸 스타일 치즈 120g ●나초소스 3큰술 ●핫소스 ½큰술 ●버터 ½큰술 ●파슬리가루 약간 ●소금 약간 ●후추 약간

① 닭가슴살과 양파, 파프리카는 사방 1㎝ 크기의 정육면체 모양으로 잘게 썹니다. ② 할라페뇨는 곱게 다집니다. ③ 팬에 올리브유를 두르고 닭가슴살과 양파, 파프리카를 넣어 중간 불에서 잘 섞으며 볶은 뒤 불을 끄고 충분히 식힙니다. *Tip* **볶아 둔 재료를 충분히 식혀야 뒤에 들어갈 치즈가 녹지 않아요.** ④ 토르티야 위에 나초소스를 전체적으로 고르게 펴 바른 뒤 멕시칸 스타일 치즈를 골고루 뿌립니다. ⑤ 식혀 둔 ③을 올리고 다진 할라페뇨와 핫소스를 뿌립니다. ⑥ ⑤ 위에 멕시칸 스타일 치즈를 다시 올리고 토르티야를 반으로 접습니다. ⑦ 달군 팬에 버터를 두르고 반 접은 토르티야를 올려 중간 불에서 노릇하게 굽습니다. ⑧ 접시에 옮겨 담고 파슬리가루를 뿌려 마무리합니다.

◆ 속재료를 미리 익혔기 때문에 팬에서는 토르티야 겉면이 노릇해질 때까지만 구우세요.

RECIPE 5

간장치킨포케

포케는 원래 하와이 음식이지요? 하지만 밥 위에 이것저것 얹어 만들다 보니 친근한 느낌으로 다가오는 음식이기도 해요. 다양한 재료를 사용하다 보면 이국적인 비빔밥이 되는 것 같은 기분이 들지만 그만큼 응용할 수 있는 범위가 큰 메뉴랍니다.

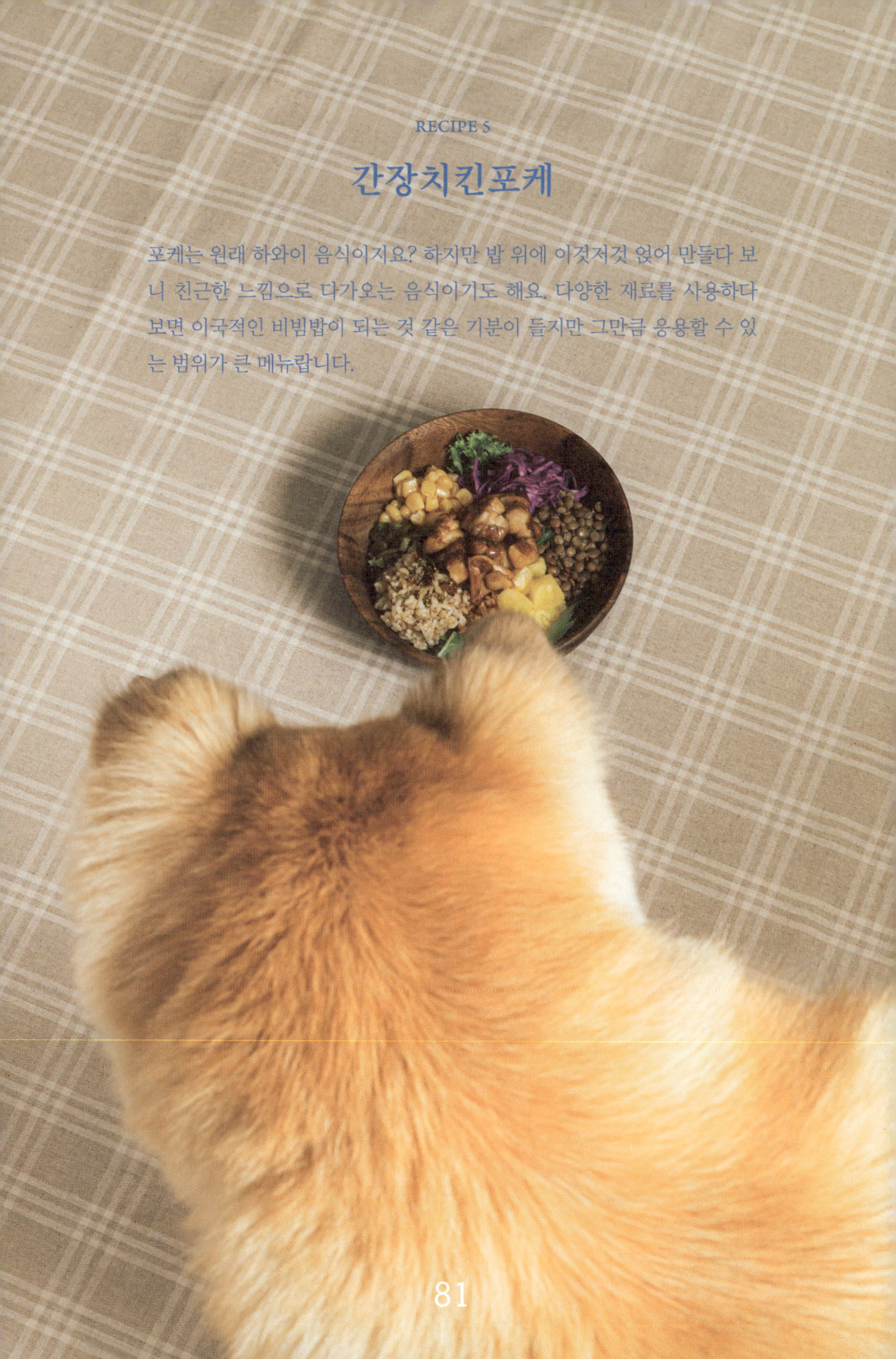

1~2인분 닭다리살 간장소스 ●다진 마늘 1큰술 ●굴소스 1큰술 ●진간장 4큰술 ●맛술 3큰술 ●설탕 2큰술 적양배추 절임소스 ●물 5큰술 ●식초 3큰술 ●설탕 2큰술 ●소금 1큰술 본 재료 ●잡곡밥 100g ●닭다리살 500g ●적양배추 50g ●샐러드용 그린 채소 믹스 50g ●파인애플 30g ●할라페뇨 20g ●아보카도 ½개 ●캔 옥수수 30g ●렌틸콩 20g ●올리브유 1큰술 ●양파플레이크 1큰술 ●후리카케 약간

① 적양배추를 곱게 채 썹니다. ② 큰 볼에 적양배추 절임소스 재료를 모두 담고 잘 섞은 뒤 채 썬 적양배추를 넣어 잠시 담가 둡니다. ③ 작은 볼에 닭다리살 간장소스를 모두 담고 잘 섞습니다. ④ 팬에 올리브유를 두르고 닭다리살을 올려 중간 불에서 앞뒤로 노릇하게 굽습니다. ⑤ ④에 섞어 둔 닭다리살 간장소스를 붓고 약한 불로 줄여 자작하게 졸입니다. ⑥ 도시락 용기에 샐러드용 채소 믹스를 펼쳐 깔아 줍니다. ⑦ 샐러드 채소 가운데 부분을 비워 두고 가장자리에 잡곡밥과 양파플레이크, 렌틸콩, 아보카도, 파인애플, 적양배추, 캔 옥수수, 할라페뇨를 올립니다. ⑧ 간장소스에 졸인 닭다리살을 한입 크기로 잘라 가운데 빈 부분에 올립니다. ⑨ 후리카케를 뿌려 마무리합니다.

RECIPE 6

생연어과카몰리포케

연어회를 올린 신선한 포케! 생각만 해도 군침이 돕니다. 과카몰리와 함께하면 더 고소한 느낌으로 즐길 수 있지요. 토마토와 레몬, 적양파와 캔 옥수수의 화려한 색감이 입맛을 돋우고, 좁쌀 같은 쿠스쿠스 파스타가 색다른 디테일을 더해요. 먹는 즐거움과 보는 즐거움까지 잡을 수 있는 식사를 즐겨 보세요.

1~2인분 ●잡곡밥 100g ●생연어 100g ●샐러드용 그린 채소 믹스 50g ●아보카도 1개 ●토마토 ¼개 ●양파 ⅛개 ●레몬즙 2큰술 ●캔 옥수수 30g ●적양파 20g ●할라페뇨 20g ●방울토마토 2개 ●후리카케 약간 ●소금 약간 ●후추 약간

① 아보카도는 껍질과 씨를 제거하고 볼에 담은 뒤 잘 으깹니다. ② 토마토는 꼭지와 씨를 제거한 뒤 사방 5㎜ 크기의 정육면체 모양으로 잘게 썹니다. ③ 양파는 곱게 다집니다. ④ 으깬 아보카도 볼에 썰어 둔 토마토와 양파, 레몬즙, 소금, 후추를 넣고 잘 섞어 과카몰리를 만듭니다. ⑤ 냄비에 렌틸콩을 담고 물을 잠길 만큼 부은 뒤 20분간 중간 불에서 삶고 건져 내 체에 밭쳐 한 김 식힙니다. ⑥ 적양파는 곱게 다지고 찬물에 담가 아린 맛을 제거합니다. ⑦ 도시락 용기에 샐러드용 그린 채소 믹스를 펼쳐 깔아 줍니다. ⑧ 샐러드 가운데를 비워 두고 가장자리에 잡곡밥과 양파 플레이크, 렌틸콩, 파인애플, 적양파, 과카몰리, 캔 옥수수, 할라페뇨를 올립니다. ⑨ 생연어를 사방 1.5㎝ 크기의 정육면체 모양으로 썰어 가운데 빈 부분에 올립니다. ⑩ 후리카케를 뿌려 마무리합니다.

주로 사용하는 제품
레이지 레몬즙

뭉이 01　　　　　　　　　　　　생연어과카몰리포케

언제부터였을까요? 유명 패밀리 레스토랑에 가도 연어를 적당히 네다섯 조각만 먹게 된 일은. 이 세상에서 가장 이상한 과일이라고 생각한 아보카도를 사과나 귤 사듯 아무렇지도 않게 턱턱 구매하게 된 일은.
그리고 하얀 구름 같은 강아지 뭉이가 너무나도 당연하게 우리 집의 막내가 된 날은 또 언제부터였을까요?

도시락을 직접 준비하기 시작하면서 아보카도를 처음 구매해 보았습니다. 조리되어 나온 것만 먹다가 직접 손으로 아보카도의 껍질을 벗겨 보고, 큼직한 씨를 빼 보고, 이 아보카도가 잘 익었는지 익지 않았는지 요리조리 살펴보던 낯선 경험이 지금까지도 생생하게 기억납니다. 언젠가 반려동물도 사람들처럼 어렸을 때의 기억이 평생 큰 영향을 끼친다는 내용의 글을 본 적이 있습니다. 만약 뭉이가 우리 집에 처음 온 날을 기억한다면, 아보카도를 처음 만져 보았을 때의 생경함처럼 아직도 모든 감각이 생생하게 남아 있을까요?
뭉이에게 물어 보고 싶지만, 이 작고 하얀 강아지는 아무것도 모른다는 얼굴로 오늘도 집에서 가장 높은 소파에 올라타 몸을 동글게 말고 앉아 있습니다.
뭉이야, 혹시 기억나니?

RECIPE 7

크래미샐러드

마트나 편의점에서 쉽게 구할 수 있는 크래미. 생각 외로 칼로리도 낮고 단백질 함량이 좋은 재료인데요, 결대로 찢어지는 식감과 함께 쫄깃쫄깃한 느낌이 좋은 식재료예요. 신선한 채소와 함께 즐기는 크래미샐러드입니다.

1~2인분 ●크래미 90g ●오이 1개 ●양파 ¼개 ●깐 메추리알 8개 ●마요네즈 1큰술 ●연겨자 1작은술 ●식초 4큰술 ●설탕 2큰술 ●소금 ½큰술

① 오이는 꼭지를 잘라 내고 4등분한 뒤 반으로 잘라 씨를 제거하고 2㎜ 두께로 어슷하게 썹니다. ② 볼에 썰어 둔 오이를 담고 식초와 설탕, 소금을 넣어 조물조물 잘 섞은 뒤 20분간 둡니다. *Tip 비닐장갑을 끼고 손으로 주물러 주면 금방 절여져요.* ③ 크래미는 결 따라 손으로 잘게 찢어 줍니다. ④ 양파는 얇게 채 썬 뒤 찬물에 10분간 담가 매운맛을 제거합니다. ⑤ ②의 오이를 건져 손으로 물기를 꼭 짭니다. ⑥ 큰 볼에 절인 오이와 크래미, 양파를 넣고 잘 섞습니다. ⑦ ⑥에 마요네즈와 연겨자를 넣고 다시 잘 버무립니다. ⑧ ⑦에 메추리알을 넣고 잘 섞은 뒤 도시락 용기에 옮겨 담습니다.

RECIPE 8

수란버섯오픈샌드위치

풍성한 느낌의 오픈샌드위치는 손님이 놀러 오거나 피크닉 갈 때 정말 좋지요. 버섯과 발사믹 글레이즈가 만나 고소하면서도 달콤한 느낌의 풍미가 입안을 가득 채웁니다. 버섯은 씻지 말고 키친타월로 먼지만 톡톡 털어 제거해 주세요.

1~2인분 ●바게트 ¼개 ●표고버섯 50g ●백만송이버섯 50g ●양파 ⅛개 ●달걀 2개 ●올리브유 2큰술 ●발사믹 글레이즈 2큰술 ●소금 적당량 ●후추 약간 ●이탈리안 파슬리 약간

① 바게트는 1cm 두께로 비스듬히 길게 썰고 180도로 예열한 오븐이나 에어프라이어에 넣어 5분간 앞뒤로 노릇하게 굽습니다. ② 표고버섯은 기둥째 5mm 두께로 썰고, 백만송이버섯은 밑동을 자르고 한 줄기씩 손으로 찢어 줍니다. ③ 양파와 이탈리안 파슬리는 곱게 다집니다. ④ 팬에 올리브유를 두르고 다진 양파를 넣어 소금과 후추로 간한 뒤 양파가 투명해질 때까지 중간 불에서 볶습니다. ⑤ ④에 손질한 표고버섯과 백만송이버섯을 넣고 잘 섞으며 볶습니다. ⑥ 버섯이 어느 정도 익어 물기가 날아가면 ⑤에 발사믹 글레이즈를 넣고 재빨리 볶은 뒤 불을 끕니다. ⑦ 접시에 ⑥을 옮겨 담고 고르게 펼쳐 한 김 식힙니다. ⑧ 냄비에 물을 넉넉하게 담고 식초와 소금 1큰술을 넣고 센 불에서 끓어오르면 중간 불로 줄입니다. ⑨ 입자가 고운 체에 달걀을 깨트려 넣어 아주 묽은 흰자를 가볍게 재빨리 거른 후 작은 볼에 옮깁니다. ⑩ 숟가락을 냄비 한쪽으로 계속 휘저어 물 가운데에 회오리를 만듭니다. ⑪ 회오리 가운데에 달걀을 조심스럽게 넣고 3분간 뚜껑을 닫지 않고 상태를 확인하며 익혀 수란을 만듭니다. ⑫ 구멍 뚫린 국자로 조심스럽게 수란을 건져냅니다. ⑬ 구운 바게트 위에 식혀 둔 버섯을 올립니다. ⑭ 버섯 위에 수란을 올리고 소금과 후추, 이탈리안 파슬리를 뿌려 완성합니다.

◆ 뜨거운 물 ¼컵에 달걀을 조심히 깨트려 넣고 달걀노른자는 터지지 않도록 젓가락으로 콕 찔러 작게 구멍을 낸 뒤 전자레인지에 넣어 1분간 돌리면 쉽고도 멋진 수란이 완성돼요.

RECIPE 9

멕시칸샐러드

매콤하면서 이국적인 느낌이 매력적인 타코 샐러드예요. 타코 시즈닝이 소고기 육즙과 만나 풍미가 폭발합니다. 여기에 달콤하면서도 고소한 베이크드 빈스와 옥수수가 식감을 살려 주고, 아삭한 채소가 밸런스를 맞춰 주죠. 새콤하면서도 입안 가득 풍부한 맛의 요거트는 이 모든 재료를 하나로 묶어 줄 수 있는 포인트랍니다.

1인분 ●소고기(다짐육) 50g ●양상추 100g ●베이크드 빈스 50g ●캔 옥수수 50g ●방울토마토 5개 ●무설탕 플레인 요거트 2큰술 ●타코 시즈닝 ½큰술 ●크러쉬드 레드페퍼 ½큰술

① 마른 팬에 소고기와 타코 시즈닝을 넣고 약한 불에서 잘 섞으며 볶습니다. ② 팬에 기름이 배어 나오기 시작하면 크러쉬드 레드페퍼를 넣고 중간 불로 올려 소고기가 완전히 익을 때까지 볶습니다. ③ 볶은 소고기는 체에 밭쳐 기름기를 제거합니다. ④ 양상추는 체에 밭쳐 물기를 제거한 뒤 한입 크기로 찢어 도시락 용기에 펼쳐 담습니다. ⑤ 베이크드 빈스와 캔 옥수수도 체에 밭쳐 물기를 제거합니다. ⑥ 양상추 위에 방울토마토와 베이크드 빈스, 캔 옥수수, 볶은 소고기를 순서대로 올립니다. ⑦ 먹기 직전에 무가당 플레인 요거트를 골고루 뿌려 먹습니다.

◆ 사워크림은 보관할 수 있는 기간에 비해 양이 많아 소진이 힘들 수 있으니 이럴 때는 무가당 플레인 요거트로 대체하면 편합니다.

RECIPE 10

와사비땅콩버터샐러드파스타

본격적으로 재택근무를 시작하기 전, 회사에서는 그때그때 유행하는 음식 아이템이 있었는데요. 당시 핫한 아이템은 고소하면서도 산뜻한 와사비 드레싱이었습니다. 재택을 시작하고 나서도 그 맛을 잊지 못해 집에서 비슷하게 흉내 내보기로 했어요. 결과는 대성공이었습니다.

1인분 ●스파게티 50g ●칵테일새우 5개 ●아보카도 ½개 ●양상추 100g ●방울토마토 3개 ●아몬드 10g ●올리브유 2큰술 （드레싱） ●오리엔탈 드레싱 4큰술 ●땅콩버터 1큰술 ●와사비 ½큰술

① 끓는 물에 스파게티를 넣어 포장지에 적힌 시간대로 삶습니다. ② 볼에 삶은 스파게티를 건져 담고 올리브유를 뿌려 섞어 둡니다. *Tip* 파스타 면을 올리브유에 버무려 두지 않으면 면끼리 달라붙게 되니 꼭 올리브유에 버무려 한 김 식힌 뒤 말아서 도시락 용기에 넣어 주세요. ③ 양상추는 체에 밭쳐 물기를 완전히 제거한 후 손으로 찢어 도시락 용기에 깔아 둡니다. ④ 작은 볼에 드레싱 재료를 모두 넣고 잘 섞어 소스 용기에 담습니다. ⑤ 끓는 물에 칵테일새우를 넣어 1분간 데친 뒤 건져 내 체에 밭쳐 물기를 뺍니다. ⑥ 아보카도는 껍질과 씨를 제거하고 반으로 잘라 얇게 슬라이스합니다. ⑦ 파스타 면을 동그랗게 말아 도시락 용기 한쪽에 담습니다. ⑧ 용기의 빈 부분에 손질한 아보카도와 새우, 방울토마토, 아몬드를 순서대로 담습니다. ⑨ 먹기 직전 드레싱을 뿌려 잘 섞어 먹습니다.

◆ 샐러드는 채소의 물기를 확실히 제거해 줘야 신선함을 오래 유지할 수 있어요. 스피너 등으로 물기를 잘 제거해 주세요.

주로 사용하는 제품

폰타나 오리엔탈 드레싱
S&B 생와사비
스키피 땅콩버터

RECIPE 11

타볼리샐러드와 후무스

파슬리로 만드는 타볼리샐러드와 병아리콩으로 만드는 후무스. 이태원의 중동 음식점에서 처음 먹어 보고 이국적이면서도 향긋한 느낌에 큰 인상을 받았던 음식입니다. 파슬리는 장식용이라고만 생각했는데 이 샐러드를 먹은 후로 정말 좋아하는 채소 중 하나가 되었어요. 고수 같은 향채류를 좋아하는 분이라면 이 샐러드도 마음에 쏙 들 거예요.

1~2인분 (타볼리 샐러드) ●쿠스쿠스 30g ●토마토 50g ●양파 30g ●이탈리안 파슬리 100g ●올리브유 2큰술 ●뜨거운 물 적당량 ●레몬즙 2큰술 (후무스) ●병아리콩 200g ●다진 마늘 ½큰술 ●큐민 ½큰술 ●올리브유 2큰술 ●레몬즙 2큰술 ●병아리콩 끓인 물 1컵(200㎖) ●소금 적당량

[후무스]
① 볼에 병아리콩을 담고 미지근한 물을 잠길 만큼 부은 뒤 8시간에서 하루 정도 불립니다. ② 냄비에 불린 병아리콩과 소금 ½큰술을 담고 물을 잠길 만큼 부은 뒤 센 불에서 한 번 끓어오르면 약한 불로 줄여 조금씩 저어가며 30분간 삶습니다. 이때 병아리콩 끓인 물은 1컵 정도 남겨 따로 둡니다. *Tip* 물이 너무 졸아들었다면 조금씩 더 넣어 주세요. ③ 포근하게 익은 병아리콩을 충분히 식힙니다. *Tip* 뜨거운 재료를 믹서기에 바로 넣으면 위험하기 때문이에요. ④ 믹서기에 한 김 식힌 병아리콩과 다진 마늘, 큐민, 올리브유, 레몬즙, 소금 ½큰술을 넣고 따로 둔 병아리콩 끓인 물을 넣어 곱게 갑니다. *Tip* 점도를 계속 확인하면서 병아리콩 끓인 물을 조절해 넣으세요. 흐르기 직전의 페이스트 질감이 되면 맞습니다. ⑤ 도시락 용기 한쪽에 동그랗게 담고 큐민을 살짝 뿌려 장식합니다.

[타볼리 샐러드]
① 이탈리안 파슬리를 1㎝ 정도 길이로 잘게 썹니다. ② 볼에 쿠스쿠스를 담고 뜨거운 물을 잠길 만큼 부어 3분 정도 불립니다. ③ 토마토와 양파는 사방 1㎝ 크기로 잘게 썹니다. ④ 볼에 이탈리안 파슬리와 불린 쿠스쿠스, 토마토, 양파, 올리브유, 레몬즙을 넣고 골고루 버무립니다. ⑤ 도시락 용기 한쪽에 넓게 펼쳐 담습니다.

◆ 후무스는 빵에 발라 먹어도 맛있고, 셀러리나 당근에 찍어 먹어도 정말 맛있답니다!

RECIPE 12

케일쌈밥도시락

피크닉에도 도시락에도 항상 좋은 쌈밥 도시락이에요. 된장의 염분을 두부로 중화시키고, 영양 만점 견과류 소스로 만든 쌈밥. 건강과 행복함이 동시에 느껴지는 메뉴입니다. 회사에 가지고 갔더니 이런 도시락 싸주는 파트너가 있다면 정말 행복할 것 같다는 코멘트를 들은 적이 있어요. 생각보다 어렵지 않으니 직접 만들어서 스스로 행복을 찾아보는 것은 어떨까요?

1~2인분 ●현미밥 200g ●두부 50g ●양파 30g ●녹즙용 케일 10장 ●쪽파 10g ●오이고추 1개 ●홍고추 1개 ●마늘 2알 ●된장 2큰술 ●호박씨 2큰술 ●참깨 2큰술

① 양파와 쪽파, 오이고추, 마늘은 잘게 다집니다. ② 홍고추는 어슷하게 썹니다. ③ 볼에 다진 양파와 쪽파, 오이고추, 마늘을 담은 뒤 두부와 된장, 호박씨, 참깨를 넣고 으깨듯이 섞어 양념장을 만듭니다. ④ 케일 잎의 두꺼운 줄기 끝을 잘라 잎만 남긴 후 끓는 물에 넣어 30초씩 데칩니다. ⑤ 도마에 데친 케일 잎 1장을 펼쳐 깔고 가운데에 현미밥 1큰술을 올립니다. ⑥ 현미밥 위에 양념장을 ½큰술 올립니다. ⑦ 케일 잎의 양쪽 귀퉁이를 차례로 접은 뒤 남은 부분을 아래에서 위로 돌돌 말아 완성합니다. ⑧ 같은 방법으로 케일 쌈밥을 만들어 도시락 용기에 차곡차곡 담은 뒤 썰어 둔 홍고추를 하나씩 올려 장식합니다.

◆ 꼭 호박씨가 아니어도 아몬드나 해바라기씨 등 견과류라면 모두 괜찮습니다.

RECIPE 13

부라타치즈샐러드

최근 유행하는 부라타 치즈가 주인공인 샐러드입니다. 동그란 모양이 귀여운 부라타 치즈는 쫄깃한 식감과 두부 같은 고소함이 돋보이는 치즈이지요. 아삭한 채소와 함께하면 그 맛이 배가됩니다. 향긋한 바질 잎까지 곁들이면 금상첨화! 호화롭게 즐기고 싶다면 프로슈토 햄을 곁들여 보세요.

1~2인분 ●양상추 100g ●방울토마토 3개 ●파프리카 30g ●라디치오 30g ●바질 잎 5장 ●부라타 치즈 1개 ●프로슈토 슬라이스 햄 10g ●올리브유 1큰술 ●화이트 발사믹 글레이즈 1큰술 ●소금 약간 ●후추 약간

① 양상추와 라디치오는 체에 밭쳐 물기를 충분히 뺀 뒤 먹기 좋게 한입 크기로 뜯어 줍니다. ② 방울토마토는 반으로 자르고, 파프리카는 사방 2㎝ 크기의 정육면체 모양으로 썹니다. ③ 도시락 용기에 양상추와 라디치오를 깔아 줍니다. ④ ③ 위에 썰어 둔 방울토마토와 파프리카, 프로슈토 슬라이스 햄을 올립니다. ⑤ 용기 가운데에 부라타 치즈를 올립니다. ⑥ 올리브유와 화이트 발사믹 글레이즈, 소금, 후추를 뿌린 뒤 바질 잎으로 장식합니다.

주로 사용하는 제품
벨지오이오소 부라타 치즈

RECIPE 14

두부유부초밥

어렸을 적 소풍날이면 전날부터 가장 기대가 되었던 도시락! 김밥과 유부초밥은 빼놓을 수 없는 추억의 메뉴였지요. 그러나 어른이 되고 보니 유부초밥을 맘껏 먹기에는 탄수화물이 과한 느낌이더라고요. 그런 걱정을 한시름 덜기 위해 밥을 일정 분량 두부로 대체한 레시피예요. 다이어트용 도시락으로도 추천합니다.

1인분 ●유부초밥용 조미유부 1팩 ●현미밥 50g ●두부 150g

① 유부초밥 세트에 들어 있는 유부를 꺼내 물기를 손으로 꼭 짜 둡니다. *Tip* 너무 꼭 짜면 찢어지거나 맛이 덜할 수 있으니 흐르지 않을 정도로만 물기를 제거해요. ② 볼에 현미밥과 두부를 담고, 유부초밥용 식초소스와 채소 플레이크를 넣어 손으로 두부를 으깨어 잘 섞습니다. ③ 잘 섞은 두부현미밥을 한입 크기로 뭉쳐 조미유부 속을 채웁니다.

◆ 집에서 혼자 먹을 때는 유부를 김처럼 밥 위에 얹어서 간편하게 먹기도 합니다.

주로 사용하는 제품

풀무원 국산콩 두부로 만든 유부초밥

 밀스 02

두부유부초밥

두부는 언제고 맘 편히 만날 수 있는 식재료이지요. 연두부, 순두부, 모두부, 건두부 등 다양한 종류로 풍부한 맛을 느낄 수 있어 애용하는 식재료입니다. 유부피 안에 쌀밥 대신 물기를 제거한 두부를 으깨 넣으면 맛도 영양도 잡을 수 있는 멋진 한 끼 식사가 되지요. 최근 마트에 갔다가, 사각 유부초밥 세트를 발견하고 한참을 그 앞에 서 있었습니다. 유부초밥 포장지에 있는 통통한 사각 유부초밥의 모양이 밀스의 뒷모습과 정말 닮았거든요.

밀스도 시골에 가면 아주 흔한 황구 중 한 마리일 것입니다. 늠름하고 멋진 진돗개들과 다르게 밀스는 다리가 짧고, 큰 머리를 가졌지요. 아래에서 보면 입도 까맣습니다. 명절에 시골집에 가면 길가를 저벅저벅 다니는, 누구나 한 번씩 만나 봤을, 그런 강아지입니다.

살면서 정확하게 똑같은 유부초밥을 두 개 만들어 본 적이 있나요? 아마 없을 거라고 장담해요. 우리가 만드는 유부초밥의 모양이 제각각 다르듯, 이 세상의 모든 강아지도 비슷하게 생겼지만 자세히 보면 저마다 다른 특징들을 가졌습니다. 그중에서도 밀스는 우리에게 가장 통통하고 귀여운 유부초밥 같은 강아지랍니다.

RECIPE 15

닭가슴살햄치즈샌드위치

출근을 앞둔 주말에 다음 주에 먹을 샌드위치를 잔뜩 싸두면 일주일이 든든했어요. 평소 부족한 비타민과 단백질을 샌드위치로 보충하는 기분이랄까요? 가장 기본적인 느낌의 샌드위치입니다만, 이 샌드위치의 포인트는 글래드 매직랩으로 단단하게 싸서 예쁘게 썰어 내는 것입니다.

1인분 ●식빵 2장 ●양배추 30g ●달걀 1개 ●닭가슴살 햄 3장 ●체더 치즈 1장 ●마요네즈 1큰술 ●머스터드 1큰술 ●올리브유 적당량

① 식빵은 노릇해지기 직전까지 앞뒤로 살짝만 굽습니다. ② 양배추는 물기를 완전히 제거한 뒤 5㎜ 두께로 채 썹니다. ③ 팬에 올리브유를 두르고 달걀을 깨트려 넣어 완숙으로 프라이합니다. ④ 매직랩을 정사각형 모양으로 잘라 평평한 바닥에 매끄러운 면이 위로 올라오게 놓은 뒤 식빵 1장을 대각선으로 엇갈리게 놓고 마요네즈를 잘 펴서 바릅니다. ⑤ 식빵 위에 체더 치즈와 닭가슴살 햄, 달걀프라이, 채 썬 양배추 1줌을 순서대로 올립니다. ⑥ 다른 식빵 1장에 머스터드를 골고루 펴 바른 뒤 채 썬 양배추 위에 덮고 모양이 무너지지 않을 정도의 힘으로 샌드위치를 눌러 합칩니다. ⑦ 매직랩의 귀퉁이를 가운데로 모으듯 감싸 붙입니다. ⑧ 이번에는 도마 위에 정사각형 모양으로 자른 매직랩 1장을 끈적한 면이 위로 올라오게 놓고, 샌드위치를 다시 대각선으로 엇갈리게 놓은 후 귀퉁이부터 안쪽으로 감싸 붙입니다. ⑨ 빵칼로 반을 자릅니다.

◆ 글래드 매직랩은 한쪽 면은 매끈하고 한쪽 면은 접착력이 있는 포장용 비닐 랩이에요. 샌드위치 포장할 때 정말 편해서 항상 갖춰 둡니다.

RECIPE 16

구운연어병아리콩아보카도샐러드

제목 그대로 구운 연어와 병아리콩, 아보카도가 주재료로 들어가는 샐러드입니다. 호화로워 보이지만 연어를 살짝 굽고, 병아리콩을 삶기만 하면 끝나는 레시피예요. 연어는 비린내가 없어 준비하기도, 밖에서 먹기도 쉬워 도시락을 쌀 때 자주 애용하고 있어요.

1~2인분 ●병아리콩 100g ●연어 100g ●양상추 100g ●아보카도 ½개 ●올리브유 ½큰술 ●레몬 ¼개 ●핑크 페퍼 적당량 ●소금 ½큰술 ●후추 약간

① 볼에 병아리콩을 담고 미지근한 물을 잠길 정도로 부은 뒤 8시간에서 하루 정도 불립니다. ② 냄비에 불린 병아리콩과 소금을 넣고 물을 잠길 정도로 부은 뒤 이따금 저어가며 중간 불에서 30분간 푹 삶습니다. ③ 팬에 올리브유를 두르고 달궈지면 연어를 올려 중간 불에서 앞뒤로 노릇해질 때까지 굽습니다. 소금과 후추로 간한 뒤 불을 끄고 한 김 식힙니다. ④ 양상추는 체에 밭쳐 물기를 충분히 제거한 뒤 먹기 좋게 한입 크기로 뜯어 둡니다. ⑤ 아보카도는 껍질과 씨를 제거하고 반으로 자른 후 반달 모양으로 얇게 슬라이스합니다. ⑥ 도시락 용기에 손질한 양상추를 펼쳐 깔아 줍니다. ⑦ 양상추 위에 구운 연어와 아보카도, 삶은 병아리콩을 올리고 핑크 페퍼와 후추를 뿌립니다. 먹기 직전 레몬을 짜서 즙을 뿌립니다.

◆ 도시락 용기에 키친타월을 깔고 양상추를 담으면 쉽게 무르지 않아 오래 보관할 수 있어요.

RECIPE 17

껍질콩새우현미도시락

쫄깃하면서도 풋풋한 껍질콩의 식감이 씹을수록 기분 좋은 밀프렙 도시락이에요. 새우와 현미로 든든함도 챙겨 보세요. 간장과 올리브유로 간을 맞춰 익숙하면서도 새로운 맛을 느낄 수 있습니다.

1~2인분   ●현미밥 100g ●닭 안심 5장 ●자숙새우 5개 ●껍질콩 50g ●올리브유 적당량 ●참기름 ½큰술 ●간장 ½큰술 ●소금 적당량

① 볼에 현미밥과 참기름, 간장을 넣고 골고루 섞어 둡니다. ② 닭 안심은 한입 크기로 자릅니다. ③ 달군 팬에 올리브유를 두르고 손질한 닭 안심과 자숙새우를 올린 뒤 소금을 살짝 뿌려 중간 불에서 노릇하게 굽습니다. ④ 냄비에 물 1ℓ와 소금 1큰술을 넣고 끓어오르면 껍질콩을 넣어 1분간 데친 뒤 체에 밭쳐 물기를 완전히 제거합니다. ⑤ 도시락 용기에 양념한 현미밥과 껍질콩, 닭 안심, 새우를 담아 마무리합니다.

◆ 껍질콩은 마트에서 파는 냉동 그린빈스 제품을 주로 사용합니다.

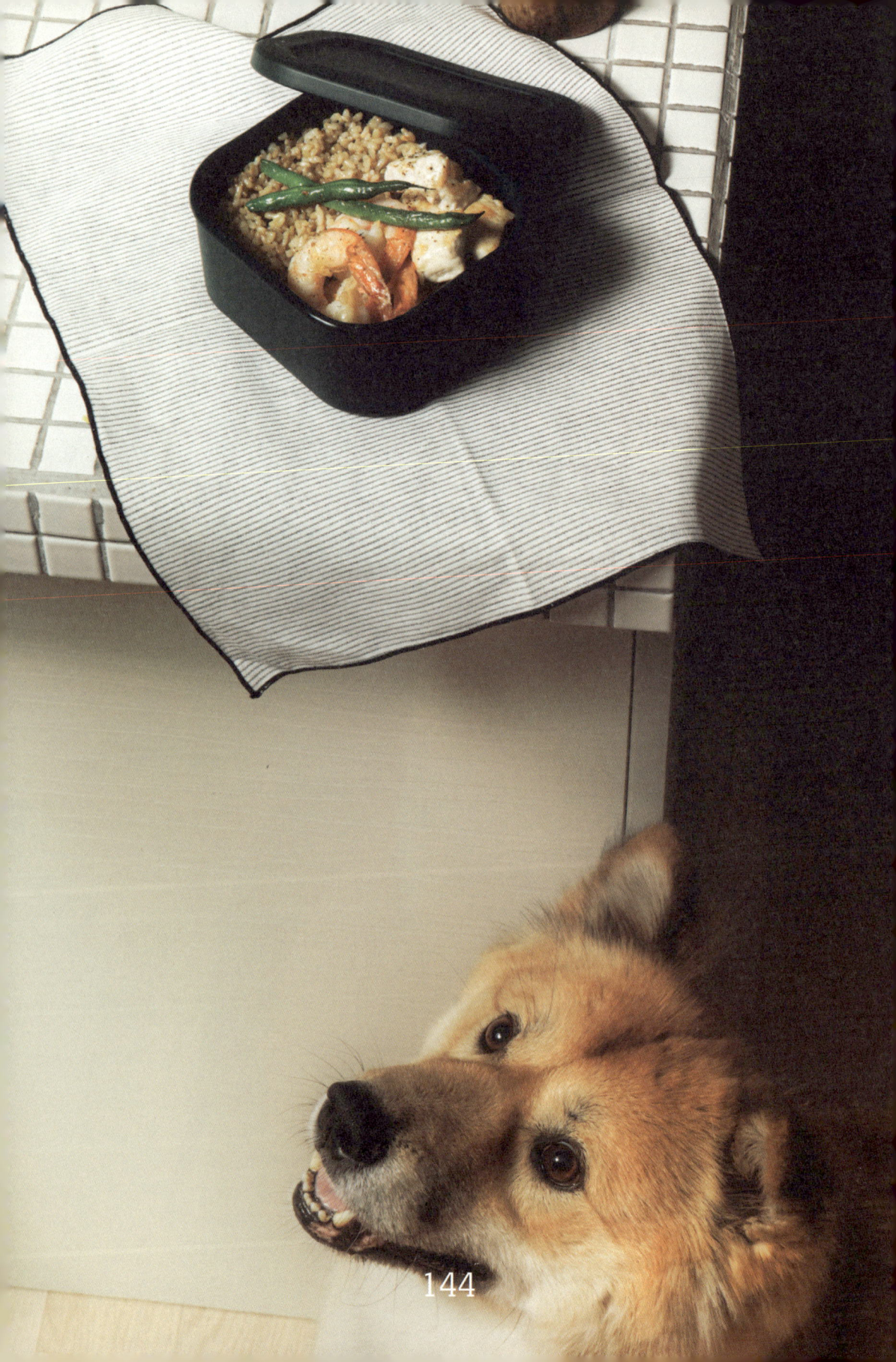

RECIPE 18

닭가슴살리코타샐러드

건강하게 챙겨 먹어야겠다 싶으면 바로 떠오르는 샐러드의 정석 레시피입니다. 루콜라의 쌉쌀함과 리코타 치즈의 고소함, 건크랜베리의 달콤함이 무척 잘 어울려요. 직접 만들어 보면 생각보다 너무 쉬워서 자주 해 먹게 될 거예요.

1~2인분 ●생닭가슴살 1개 ●리코타 치즈 2큰술 ●방울토마토 5개 ●견과류 1큰술 ●건크랜베리 1큰술 ●양상추 50g ●루콜라 50g ●올리브유 적당량 ●발사믹 글레이즈 1큰술 ●소금 약간 ●후추 약간

① 양상추와 루콜라는 체에 밭쳐 물기를 제거합니다. ② 달군 팬에 올리브유를 살짝 두르고 생닭가슴살을 올린 뒤 소금과 후추로 간해 중간 불에서 노릇하게 구운 후 한 김 식혀 둡니다. ③ 식힌 닭가슴살은 한입 크기로 썰고, 방울토마토는 반으로 썹니다. ④ 도시락 용기에 양상추와 루콜라를 골고루 펼쳐 깔아 줍니다. ⑤ ④ 위에 리코타 치즈와 방울토마토를 올립니다. ⑥ 리코타 치즈 위에 견과류와 건크랜베리를 올립니다. ⑦ 소스 용기에 올리브유 1큰술과 발사믹 글레이즈를 담고 잘 섞은 뒤 먹기 직전 곁들입니다.

RECIPE 19

동그랑땡도시락

두부와 참치, 새우를 주재료로 한 고소하고 부드러운 동그랑땡이에요. 다른 레시피보다 손이 조금 가지만, 한 번에 넉넉하게 만들어 두면 한동안은 다른 반찬이 필요가 없죠. 퇴근하고 돌아온 저녁이면 맥주 안주로도 참 좋았습니다.

2~3인분 ●두부 300g ●새우 100g ●참치 100g ●대파 30g ●고추 1개 ●달걀 2개 ●다진 마늘 1큰술 ●케첩 2큰술 ●참기름 1큰술 ●부침가루 2큰술 ●소금 약간 ●후추 약간

① 두부는 면보로 물기를 꽉 짠 뒤에 곱게 으깨고 새우는 다지거나, 푸드프로세서로 곱게 갑니다. ② 대파와 고추도 잘게 다집니다. ③ 작은 볼에 달걀 1개를 깨트려 넣고 잘 풀어 달걀물을 만듭니다. ④ 큰 볼에 다진 두부와 새우, 참치, 다진 대파, 다진 고추, 다진 마늘, 부침가루, 달걀 1개, 소금, 후추를 모두 넣고 반죽하듯 손으로 꽉꽉 눌러가며 잘 섞습니다. ⑤ 반죽을 1큰술씩 떠서 동그랗게 모양을 만듭니다. ⑥ 팬에 참기름을 두른 후 ⑤의 반죽을 달걀물에 적셔 약한 불에서 한 개씩 양쪽 모두 노릇하게 굽습니다. *Tip* 익힐 때 뚜껑을 덮으면 속까지 잘 익어요. ⑦ 도시락 용기에 밥을 담고 완성한 동그랑땡을 올립니다. ⑧ 소스 용기에 케첩을 담아 곁들입니다.

◆ 부침가루가 없다면 밀가루로 대체해도 좋습니다.

RECIPE 20

전복버터구이소고기달걀말이도시락

매일 비슷비슷한 느낌의 도시락을 준비하다가 문득 호화스러운 기분을 내고 싶은 날, 넣고 싶은 귀한 재료들을 전부 넣어서 만들었던 도시락입니다. 이날만큼은 이런저런 걱정 없이 내가 먹고 싶은 대로, 좋아하는 재료들을 가득 넣어 만들어 봐요. 점심시간이 기다려 질 거예요.

1인분   ●소고기(살치살) 100g ●전복 2개 ●새싹채소 2줌 ●달걀 3개 ●버터 1큰술 ●올리브유 적당량 ●소금 약간

[전복버터구이소고기]

① 전복은 내장과 입을 분리해 솔로 깨끗이 씻은 뒤 밑면에 십자모양으로 칼집을 내주세요. *Tip* 전복 껍데기를 버리지 말고 깨끗하게 씻어 도시락 모양 낼 때 활용해 보세요. ② 소고기는 손가락 정도 크기로 먹기 좋게 썹니다. ③ 마른 팬에 버터를 올리고 중간 불에서 버터가 어느 정도 녹으면 손질한 전복을 올려 앞뒤로 색깔이 날 정도로만 굽습니다. *Tip* 이때 너무 오래 익히지 않아도 좋아요. ④ 같은 팬에 올리브유를 살짝 두르고 소고기를 넣어 중간 불에서 익히다가 전복과 마찬가지로 살짝 익으면 불을 끕니다.

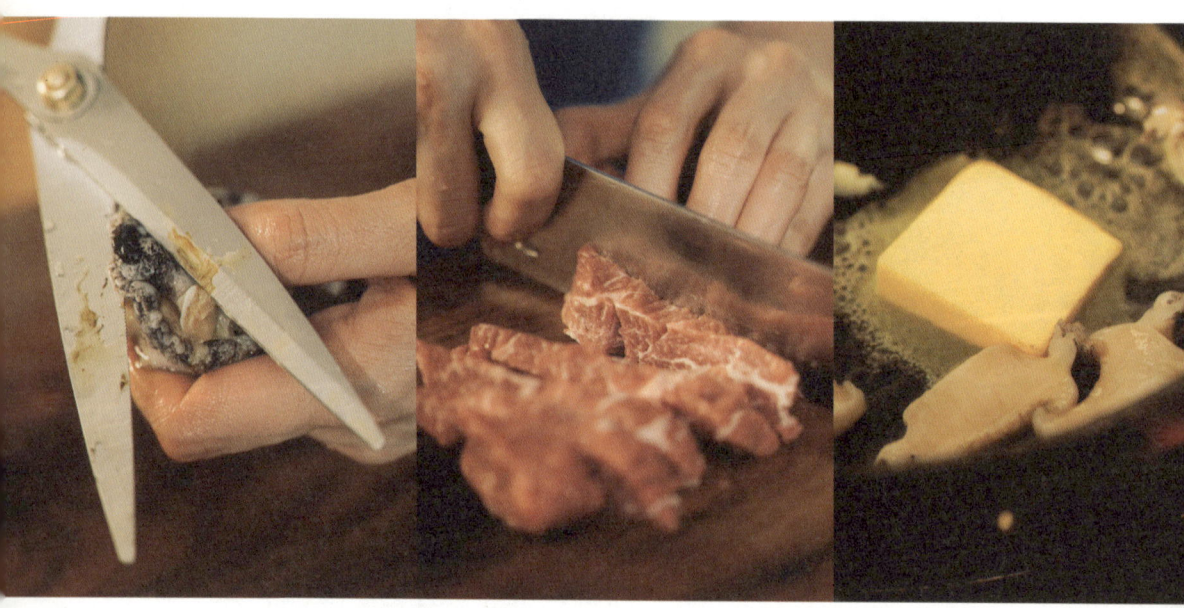

[달걀말이]

① 볼에 달걀을 깨트려 넣고 소금을 살짝 뿌린 뒤 포크로 잘 섞어 달걀물을 만듭니다. ② 약한 불로 달군 팬에 올리브유를 두르고 달걀물의 ⅓을 붓습니다. ③ 팬 바깥쪽부터 살살 말아 올려 도톰해진 달걀말이를 팬 바깥쪽으로 밀어 둡니다. ④ 팬의 빈 곳에 다시 올리브유를 살짝 두르고 남은 달걀물의 절반을 부어 천천히 말아 주는 과정을 반복합니다. *Tip* 달걀말이는 꼭 약한 불에서 익히고, 달걀물을 새로 부을 때마다 올리브유도 함께 둘러 주세요. ⑤ 도마 위에 대나무김발을 펼치고 완성한 달걀말이를 올려 뜨거울 때 감싸 말고 한 김 식혀 모양을 낸 뒤 꺼내 1㎝ 두께로 썹니다.

◆ 소고기와 달걀말이는 한 김 식은 후에 자르면 편합니다.

[To cook]

① 도시락 용기에 새싹채소를 골고루 깔아 줍니다. ② 씻어 둔 전복 껍데기를 올리고 익힌 전복 살을 안쪽에 얹습니다. ③ 전복 옆으로 소고기를 담고 다른 칸에 달걀말이를 담아 마무리합니다.

**CHAPTER
2**

One Plate
집밥

컵오트밀달걀찜

배추찜

양배추크림스튜

토마토달걀볶음

바질새우리소토

단호박수프

토마토칼국수

치킨크림스튜

닭가슴살냉채

비지배추만둣국

순두부치킨샐러드

시금치닭가슴살무침

두부그라탱

당근라페

낫토덮밥

토마토수프

들깨굴미역국

피자가게 미트스파게티

간단 토르티야피자

중국냉면

밀스 이야기

Mills's story

처음 우리 집에 온 밀스는 덩치에 비해 많이 말랐고, 바깥 생활을 오래 한 탓에 털이 지저분했고, 얕은 잠을 자면서 종종 짖는 잠꼬대를 했습니다. 그리고 자주 배고파 했습니다. 우리는 낯설어 하고 떠는 강아지를 배부르고 따뜻하게 해 주고 싶다고 생각했습니다.

밀스는 아마 이 집에 와서 난생처음 본 것이 많았을 겁니다. 거울을 처음 마주하고는 신기했던지 한참 동안 거울 앞에 잠자코 서 있던 뒷모습은 세월이 지나도 아주 오랫동안 기억하게 될 장면입니다. 낯선 화장실에 밀스를 적응시키고 싶어 좋아하는 휘핑크림을 벽에 발라 주었더니 내내 화장실 벽에 딱 달라붙어 있던 일, 입양을 결정하고 처음 목욕을 시키며 한입씩 주었던 땅콩버터의 맛, 여름이 되어 산 초당 옥수수를 한 알씩 나눠 먹던 것을 밀스도 오랫동안 기억할 수 있으면 좋겠습니다.

밀스는 이제 사람들이 자기에게 빵 귀퉁이를 조금 나눠준다는 것도 알고, 더운 여름날 산책하고 집에 돌아오면 얼음을 한 조각 먹을 수 있다는 것도 알고, 방울토마토를 한 알 받으면 터트리지 않고 살짝 물고 가는 방법도 알게 되었습니다. 강아지를 환영하는 카페에 가면 사장님이 반겨 주며 단호박 칩을 나눠 준다는 것도 알게 되었지요.

사람은 요리하고, 강아지는 웃습니다. 요리하고, 밥상을 차리고, 설거지하는 우리에겐 늘 당연한 일이 밀스는 매일 봐도 새롭고 즐거운 모양입니다.
우리 강아지는 아직도 가끔 짖는 잠꼬대를 합니다. 이제 저는 가만히 앉아서 그 꿈이 크림스튜, 빵 귀퉁이, 참외, 옥수수 몇 알의 꿈이기를 바랍니다.

RECIPE 1

컵오트밀달걀찜

오트밀의 식이섬유와 달걀의 단백질로 간단하면서도 한 끼 식사로 참 든든한 메뉴예요. 집뿐만 아니라 직장에서도 전자레인지만 있다면 뚝딱 만들 수 있는 레시피입니다. 점심시간에 나가서 먹기 귀찮은 날이면 정말 많이 해 먹었지요.

1인분 ●오트밀 3큰술 ●달걀 1개 ●참기름 약간 ●멸치 장국 1큰술 ●뜨거운 물 200㎖ ●김가루 약간(생략 가능) ●참깨 약간(생략 가능) ●후추 약간(생략 가능)

① 머그잔에 오트밀을 담습니다. ② ①에 뜨거운 물과 멸치 장국, 참기름을 넣어 잘 섞습니다. ③ ②에 달걀을 깨트려 넣은 후 달걀노른자를 젓가락으로 찔러 살짝 터트립니다. ④ 전자레인지에 머그잔을 넣고 1분씩 끓여서 두 번 돌립니다. *Tip* 전자레인지에 따라 끓어 넘칠 수 있으니 앞에서 지켜봐 주세요. ⑤ 머그잔을 꺼내 후추와 김가루, 참깨를 뿌려 마무리합니다.

◆ 오트밀과 달걀을 기본으로 취향에 맞게 다진 채소나 다양한 육수를 조합하는 재미를 느껴 보세요. 장국이 없다면 간장도 좋아요. 다만 달걀노른자를 젓가락으로 찔러 살짝 터트리지 않으면 전자레인지 조리 중 터질 수 있으니 주의하세요!

주로 사용하는 제품

밥스레드밀 롤드오트
오뚜기 멸치 장국

RECIPE 2

배추찜

최고의 자취요리라 자부하는 배추찜입니다. 냉장고에 있는 재료들을 한꺼번에 다 집어넣고 잠깐 끓이기만 하면 되니 정말 편하고 좋지요. 혼자 살면 채소 챙겨 먹기도 쉽지 않은데, 이 레시피라면 걱정이 없어요. 채소를 생으로 먹는 것보다 쪄서 먹으면 따뜻하고 포근해서 꿀떡꿀떡 잘 넘어가고요. 건두부나 소시지, 우동사리, 유부 등을 넣으면 마라탕 같기도 합니다. 건강은 챙겨야겠고, 차려 먹기는 귀찮고, 해서 배추만 계속 쪄 먹다가 어느 날 거울을 보니 살도 쏙 빠져 있었다는 후문입니다.

2인분 ●소고기(샤부샤부용) 100g ●어묵 100g ●만두 3개 ●알배추 ½개 ●청경채 2개 ●팽이버섯 100g ●가쓰오 육수 또는 쯔유 2큰술

① 알배추는 밑동을 잘라내고 한입 크기로 썹니다. ② 냄비에 썰어 둔 알배추와 나머지 모든 재료를 빙 둘러 담고 마지막에 물 150㎖와 가쓰오 육수를 넣습니다. ③ 뚜껑을 덮고 센 불에서 한소끔 끓어오르면 약한 불로 줄여 10분 더 끓입니다. ④ 뚜껑을 열고 알배추가 살짝 투명하지만 아삭함이 남아 있는 정도로 익었으면 완성입니다.

◆ 물은 배추에서 나오니까 조금 덜 넣어도 되지만, 센 불에서는 탈 수 있으니 반드시 약한 불에서 천천히 익혀 주세요!

주로 사용하는 제품

산들애 처음부터 육수 가쓰오

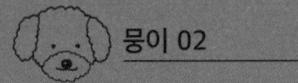 뭉이 02   배추찜

뭉이는 까다로운 강아지입니다. 사람이었으면 가리는 것도 많고 입도 짧은 남자아이였을 것입니다. 그러나 그런 뭉이도 배추찜은 곧잘 먹겠지요. 차가운 바람이 불기 시작할 때, 따뜻하고 달콤한 배추찜을 거부할 수 있는 사람은 별로 없을 테니까요. 배추찜 앞에서 찍힌 몇 장의 사진으로, 뭉이는 배추찜을 탐내는 하얀 강아지로 SNS에서 제법 유명해졌습니다. 실제로 따라 해 보니 더 간단하고 맛있었다는 후기들과, 뭉이를 귀여워해 주는 많은 사람들 덕분에 다들 아주 즐거웠습니다.

뭉이는 따뜻한 곳을 좋아하는 강아지라 소파에서도 가장 푹신한 곳을 찾아 자리를 잡고, 겨울이면 항상 돌아가고 있는 엄마의 온열기 앞에서 하루를 보내는 것을 정말 좋아합니다.

날이 추워지기 시작하면 뽀얗고 하얀 알배추의 속이 점점 차오르듯,
뭉이도 가을날의 뭉게구름처럼 복슬복슬 푹신해집니다.
마치 일러스트로 쓱쓱 그린 것 같은 무심한 뭉이의 얼굴도 배추찜과 낙엽 앞에서는 환해집니다.

RECIPE 3

양배추크림스튜

양배추가 소화에 좋다고 해서 한 통 사오기는 했는데… 나는 혼자 사는데… 이 큰 걸 다 어떻게 처리할까 고민하다가 모두 썰어 넣고 수프로 끓였습니다. 한 솥 가득 끓여서 냉장고에 넣어 두었다가 끼니 때 데워 먹으면 끝! 진하고 크리미한 맛에 비해 양배추가 잔뜩 들어가서 저녁에도 부담 없이 먹을 수 있답니다.

5인분 ●양배추 500g ●양파 100g ●감자 200g ●베이컨 100g ●체더 치즈 1장 ●크림소스 5큰술 ●소금 약간

① 양배추와 감자, 양파, 베이컨은 사방 1cm의 정사각형 모양으로 잘게 썹니다. ② 냄비에 손질한 재료와 체더 치즈, 크림소스, 소금을 넣고 물 200㎖를 부은 뒤 눌어붙지 않게 가끔 저어가며 약한 불에서 30분간 끓입니다.

◆ 썰어 놓으면 양배추의 양이 생각보다 많아서 놀랄 수 있는데, 끓이면 부피가 ⅔로 줄어드니 걱정하지 마세요. 물은 타지 말라고 넣는 느낌이니 원하는 질감대로 가감하고, 크림소스도 취향껏 넣으세요. 집에 양파 플레이크가 있다면 먹기 직전 뿌려서 같이 먹어 보세요. 정말 맛있답니다.

주로 사용하는 제품

폰타나 카르니아 베이컨&머쉬룸 크림 파스타소스
이케아 로스타드 뢰크 양파플레이크

밀스 03

양배추크림스튜

레시피북을 만들면서 밀스가 우리 집에 처음 와서 본 음식이 무엇일지 생각해 보았습니다.
아! 베이컨을 넣은 양배추크림스튜였습니다.
양배추, 베이컨, 감자, 시판소스로 만든 간단한 메뉴였지만
처음 맡아 봤을 스튜의 냄새에 밀스는 부엌 주변을 맴돌며 활짝 웃었습니다.

밀스는 누가 봐도 큰 강아지로 보이겠지만 지금 제게는 뭉이보다도 작아 보입니다.
밀스가 따뜻한 양배추크림스튜 냄새를 처음 맡았던 날,
우리는 이 강아지가 우리의 가족이 될 수도 있겠다고 생각했습니다.
처음 밀스를 만났을 때는 채 친 양배추가 생각나는 덥수룩한 털을 갖고 있었기에 몸집이 아주 큰
개라고 느꼈습니다. 하지만 동물병원에 가보니 의사 선생님은 강아지가 많이 말랐다고 했지요.
지금은 털에서 윤기가 나고, 모습도 많이 깔끔해졌습니다.
너무 많나? 싶을 만큼 양껏 채 쳐 두었는데 볶을수록 양이 훅 줄어드는 양배추를 요리할 때면 문득
생각합니다. 강아지도 따뜻하게 대해 주면 한없이 작아 보이게 되는 걸까 하고요.
밀스 곁에서 요리하고 식사를 준비할 때마다 이 강아지는 점점 작아집니다.
어쩌면 나중에 강아지용 크림스튜를 만들어 줄 날도 오지 않을까요.

RECIPE 4

토마토달걀볶음

몇 년 전 대림역 차이나타운에서 토마토달걀볶음을 처음 먹은 날을 잊지 못합니다. 토마토랑 달걀만 들어갔는데 이렇게 달콤하고 감칠맛이 난다니! 토마토가 천연 MSG라더니 과연! 놀라움을 금치 못하고 집에 돌아와서 얼른 다시 만들어 보았더니 이 레시피의 킥은 치킨스톡이라는 사실을 깨달았던 하루였지요.

1인분　●토마토 1개 ●달걀 2개 ●치킨스톡 1큰술 ●포도씨유 1큰술 ●참기름 ½큰술 ●소금 1꼬집 ●설탕 ½큰술

① 토마토는 꼭지를 따고 열십자 모양으로 살짝 칼집을 냅니다. ② 끓는 물에 칼집 낸 토마토를 넣어 1분간 살짝 데친 뒤 건져 냅니다. ③ 토마토의 칼집 낸 부분을 따라 손으로 껍질을 벗기고 4등분해 자릅니다. ④ 볼에 달걀을 깨트려 넣고 치킨스톡과 물 10㎖, 소금, 설탕을 넣고 잘 섞어 달걀물을 만듭니다. ⑤ 달군 팬에 포도씨유를 두른 후 달걀물을 부어 중간 불에서 가볍게 휘저으며 스크램블하듯 익힙니다. ⑥ 달걀이 반 정도 익으면 잘라 둔 토마토를 넣고 모양이 뭉개지지 않도록 가볍게 섞어 볶습니다. ⑦ 불을 끈 뒤 참기름을 두르고 살짝 섞어 마무리합니다.

◆ 치킨스톡은 큐브 형태보다는 액상 제품이 사용하기 훨씬 편해요.
마지막에 참기름을 넣으면 훨씬 맛있어집니다.

주로 사용하는 제품
청정원 셰프의 치킨스톡

RECIPE 5
바질새우리소토

생기 넘치는 연둣빛 색감이 군침을 돌게 하는 바질새우리소토입니다. 만드는 방법도 생각보다 쉬워서 큰 노력 없이 근사한 이탈리안 가정식 한 끼가 완성된답니다. 입에 넣기도 전에 먼저 다가오는 향긋한 바질의 향이 입맛을 돋우고 버터, 치즈가 어우러져 풍미가 엄청나요.

1인분 ●쌀 80g ●냉동 새우 4개 ●양파 ¼개 ●마늘 2알 ●바질 페스토 3큰술 ●버터 2큰술 ●올리브유 2큰술 ●닭육수* 400㎖ ●파르메산 치즈가루 4큰술 ●소금 약간 ●후추 약간

닭육수 만드는 법 물 1ℓ 기준 치킨스톡 2큰술 배합으로 만들어 사용합니다.
① 양파와 마늘은 곱게 다집니다. ② 냉동 새우는 해동한 뒤 등에 칼집을 넣어 내장을 제거합니다. ③ 달군 팬에 버터 1큰술과 올리브유를 두르고 다진 양파와 마늘을 넣어 중간 불에서 양파가 살짝 투명해질 때까지 잘 섞으며 볶습니다. ④ ③에 쌀을 넣고 중약불에서 타지 않게 잘 섞으며 5분간 볶습니다. ⑤ ④에 닭육수를 서너 번에 나눠 넣고 잘 섞어가며 중약불에서 10분간 더 볶습니다. ⑥ 쌀이 부드럽게 익으면 불을 끄고 바질 페스토와 파르메산 치즈가루 3큰술을 넣고 잘 섞습니다. 맛을 보고 부족한 간은 소금과 후추로 맞춘 뒤 뚜껑을 덮어 둡니다. ⑦ 다른 팬에 버터 1큰술을 넣고 새우를 올려 중약불에서 가볍게 앞뒤로 익힙니다. ⑧ 접시에 ⑥을 옮겨 담고 익힌 새우를 올린 뒤 파르메산 치즈가루 1큰술을 뿌려 마무리합니다.

◆ 쌀의 전분기를 최대한 제거하는 것이 관건이라 쌀을 씻지 않고 마른 상태에서 바로 볶는 것이 팁이에요!

RECIPE 6

단호박수프

무난하고 가벼운 느낌이지만 속이 허할 때나 입맛 없는 아침에 든든하고 달콤하게 술술 넘길 수 있는 단호박수프입니다. 생크림과 꿀로 더 풍부하게 즐겨 보세요.

1~2인분　●단호박 1개　●양파 ½개　●생크림 50g　●꿀 20g　●트러플 오일 약간　●올리브유 약간　●물 또는 닭육수* 300㎖　●소금 4g　●후추 약간

(닭육수 만드는 법) 물 1ℓ 기준 치킨스톡 2큰술 배합으로 만들어 사용합니다.
① 단호박은 껍질을 벗깁니다. *Tip* 감자칼을 쓰면 더욱 손쉽게 껍질을 벗길 수 있어요. ② 껍질을 벗긴 단호박을 반으로 잘라 숟가락으로 속에 있는 씨를 제거한 후 5㎜ 두께로 얇게 슬라이스합니다. ③ 양파도 얇게 채 썹니다. ④ 냄비나 웍에 올리브유를 두르고 썰어 둔 단호박과 양파, 소금을 넣어 약한 불에서 뭉근해진 재료를 주걱으로 으깨가며 천천히 볶습니다. *Tip* 재료들이 눌어붙기 시작할 때 물을 조금 넣어야 타지 않아요. ⑤ 재료가 전부 으깨지면 물이나 육수를 붓고 약한 불에서 10분간 더 끓인 뒤 불을 끄고 한 김 식힙니다. ⑥ 믹서기에 한 김 식힌 ⑤를 붓고 꿀을 넣어 곱게 갑니다. *Tip* 오래 갈수록 더욱 고운 질감이 돼요. ⑦ ⑥을 냄비에 다시 붓고 생크림과 트러플 오일을 넣어 약한 불에서 2분간 잘 섞으며 끓입니다. ⑧ 접시에 옮겨 담고 생크림과 후추를 뿌려 마무리합니다.

◆ 완성한 수프는 한 김 식혀 냉장고에 보관해 두었다가 전자레인지에 돌려 먹으면 좋아요.

RECIPE 7

토마토칼국수

개인적으로 칼국수를 정말 좋아합니다. 시원한 멸치칼국수도 좋고 매콤한 비빔칼국수도 애정하는 메뉴지요. 하루는 토마토소스와도 잘 어울릴 것 같다는 생각이 들어 파스타 대신 칼국수 면으로 요리했더니 생각만큼 정말 맛있었어요. 두부면에도 잘 어울리니 다양하게 시도해 보세요.

205

1인분 ●칼국수 면 160g ●토마토소스 200㎖ ●양파 ½개 ●마늘 5알 ●고추장 1큰술 ●올리브유 적당량 ●소금 약간 ●후추 약간

① 끓는 물에 칼국수 면을 넣어 5분간 푹 삶은 뒤 꺼내어 체에 밭쳐 물기를 빼 둡니다. ② 마늘과 양파는 편 썹니다. ③ 달군 팬에 올리브유를 두르고 마늘과 양파를 넣어 중간 불에서 양파가 투명해질 때까지 볶습니다. ④ ③에 삶은 칼국수 면과 함께 토마토소스, 고추장, 물 100㎖를 넣고 볶듯이 잘 섞습니다. ⑤ 간을 보고 소금과 후추를 기호에 맞게 조절해 마무리합니다.

◆ 칼국수 면은 생각보다 오래 익혀야 잘 익고 맛있더라고요. 4~5분 정도 끓이면 되지만 제품에 따라 면발 두께가 제각각 달라서 끓이는 중간에 한 번씩 확인해 주세요!

주로 사용하는 제품

풀무원 생 칼국수
폰타나 나폴리 뽀모도로 파스타소스

 뭉이 03 _____   토마토칼국수

서당 개도 삼 년이면 풍월을 읊는다는 말이 있지요?
뭉이도 여섯 해 조금 넘게 우리와 함께 살면서 배운 것들이 많이
있습니다. 뭉이의 특기는 가족들이 식사할 때 앉아서 앞발을 모으고
자기도 한입 달라고 빌기입니다. 하얗고, 작고, 눈과 코가 새까만 이 작은
강아지가 올려다보는 것을 보면 마치 하얀 콩국수 위에 검은 콩 세 알이
올라와 있는 것처럼 보입니다.
그런 뭉이도 흰색과 검은색이 아닌 다른 색의 옷을 입을 때가 있는데요.
카레, 짜장이나 토마토소스를 이용한 요리를 할 때입니다.
하얀 털 위에 몇 방울 튀기만 해도 많이 티가 나는 강아지거든요.
온종일 노랗고 까맣고 빨간 소스 자국을 달고 맛있는 냄새를 폴폴
풍기는 강아지를 본 사람은 웃음이 터지지 않을 수 없겠지요?

토마토칼국수를 할 때도 호기심이 많은 뭉이는 싱크대 아래쪽에서 계속 고개를 빼고 올려다봅니다.
칼국수 면을 마음 가는 대로 끓이고, 좋아하는 토마토소스에 볶으며 콧노래가 나올 때쯤,
뭉이는 벌써 식탁 옆에서 양손을 모아 기도하듯 한입만 달라며 흔들고 있습니다.

RECIPE 8

치킨크림스튜

언제 먹어도 좋지만, 특히 여럿이서 모이는 저녁 식탁에 잘 어울리는 메뉴입니다. 와인과 생크림은 의식하지 않으면 평소 구비해 놓기 힘든 식재료지만 이번 기회에 장만해 보면 어떨까요. 풍성한 느낌으로 즐기기 좋을 거예요.

1~2인분 ●닭다리살 500g ●양송이버섯 5개 ●다진 마늘 2큰술 ●다진 이탈리안 파슬리 1줌 ●올리브유 적당량 ●생크림 100g ●우유 200g ●화이트 와인 100㎖ ●밀가루 2큰술 ●소금 ½큰술 ●후추 ½큰술

① 닭다리살을 껍질째 사방 5㎝ 크기로 썹니다. ② 양송이버섯은 4등분해 썰고, 이탈리안 파슬리는 큼직하게 다집니다. ③ 달군 팬에 올리브유를 두르고 껍질이 밑으로 가도록 닭다리살을 올려 중간 불에서 노릇해질 때까지 굽고 팬에서 꺼내 잠시 둡니다. ④ 다시 팬에 올리브유를 두르고 양송이버섯과 소금, 후추를 넣어 중간 불에서 5분간 잘 섞으며 볶습니다. ⑤ ④에 꺼내 둔 닭다리살과 다진 마늘을 넣고 가볍게 잘 섞은 뒤 화이트 와인을 넣고 자작해질 때까지 중약불에서 졸입니다. ⑥ ⑤에 우유를 붓고 밀가루를 조금씩 풀어가며 5분간 뭉치지 않게 잘 섞으며 끓입니다. ⑦ ⑥에 생크림을 넣고 다시 잘 섞어준 뒤 불을 끄고 접시에 옮겨 담아 이탈리안 파슬리를 뿌려 마무리합니다.

RECIPE 9

닭가슴살냉채

여름철에 입맛이 없어 끼니를 부실하게 챙기지는 않나요? 영양 보충이 걱정될 때 참 좋은 메뉴 하나를 소개할게요. 닭가슴살을 삶을 때 강아지와 나눠 먹을 수 있다는 것도 장점이고요. 입맛을 돋우는 새콤달콤한 소스, 땅콩버터의 풍부한 맛이 더해져 만족스러운 한 끼를 즐길 수 있답니다.

1인분 ●생닭가슴살 1개 ●파프리카 100g ●오이 100g ●당근 100g 소스 ●다진 마늘 ½큰술 ●땅콩버터 1큰술 ●연겨자 1큰술 ●진간장 1큰술 ●식초 1큰술 ●물 1큰술 ●참깨 ½큰술 ●설탕 ½큰술

① 냄비에 생닭가슴살을 담고 잠길 만큼 물을 부어 센 불에서 끓입니다. 물이 끓기 시작하면 불을 끄고 뚜껑을 덮어 15~20분간 그대로 두었다가 꺼냅니다. ② 삶은 닭가슴살을 결 따라 손으로 먹기 좋게 찢어 줍니다. ③ 파프리카와 오이, 당근은 검지 손가락 두 마디 길이 정도로 가늘고 얇게 썹니다. ④ 큰 볼에 소스 재료를 모두 넣고 잘 섞습니다. ⑤ ④에 찢어 둔 닭가슴살과 손질한 채소를 넣어 골고루 무칩니다.

◆ 땅콩버터는 뜨거운 물 1큰술을 넣어 미리 풀어 주면 잘 섞여요!

RECIPE 10

비지배추만둣국

오랜만에 친구가 놀러 오는데 뭘 해 줄까? 고민이 된다면 마침 이 요리가 딱 맞을 거예요. 하루 종일 고단했던 마음을 녹이는 고소하고 따뜻한 콩비지와 푸근한 만두. 김이 폴폴 나는 비지배추만둣국을 앞에 두고 사느라 바빠서 미뤄왔던 이야기를 하나씩 해 봐도 좋겠습니다. 조리 과정도 깜짝 놀랄 만큼 간단해요.

1인분　●콩비지 300g ●만두 3개 ●알배추 1개 ●느타리버섯 1줌 ●국간장 1큰술 ●멸치액젓 1큰술

① 알배추는 1cm 정도 길이로 먹기 좋게 썹니다. ② 느타리버섯은 결 따라 손으로 먹기 좋게 찢어 줍니다. ③ 냄비에 콩비지와 국간장, 액젓, 물 150㎖를 넣고 잘 섞습니다. ④ ③에 손질한 알배추와 느타리버섯, 만두를 넣고 센 불에서 한소끔 끓어오르면 약한 불로 줄여 뚜껑을 덮고 10분간 더 끓입니다.

◆ 배추가 익으면 끝이라 조리 시간이 짧으므로 냉동 만두일 경우에는 미리 해동한 뒤 넣어 주세요!

주로 사용하는 제품

비비고 진한고기만두
풀무원 국산콩 콩비지

RECIPE 11
순두부치킨샐러드

연두부에 소금으로 간한 뒤 올리브유를 뿌려 먹어 본 적 있나요? 마치 치즈 같은 느낌이 난답니다. 부드러운 순두부의 식감이 바삭한 치킨텐더와 만나면 그렇게 맛있을 수 없지요. 치킨은 먹고 싶지만 건강도 챙기고 싶을 때 종종 해 먹는 메뉴입니다. 어제 먹은 치킨이 남았다면 도전해 보세요.

1인분 ●치킨텐더 5개 ●순두부 200g ●양상추 50g ●올리브유 2큰술 ●소금 약간 ●후추 약간

① 양상추는 체에 밭쳐 물기를 제거한 뒤 한입 크기로 썰거나 손으로 먹기 좋게 뜯어 둡니다. ② 달군 팬에 올리브유를 살짝 두르고 치킨텐더를 올려 노릇하게 굽습니다. *Tip* 에어프라이어 180도에서 5분간 돌려도 좋아요. 집마다 에어프라이어나 오븐 세기가 다를 수 있으니 중간에 꼭 확인해 주세요. ③ 구운 치킨텐더를 한입 크기로 썹니다. ④ 오목한 접시에 양상추와 치킨을 담고 순두부를 1큰술씩 떠서 올린 후 올리브유 2큰술과 소금, 후추를 뿌려 마무리합니다.

주로 사용하는 제품

하림 텐더스틱

RECIPE 12
시금치닭가슴살무침

겨울에 나오는 시금치는 정말 달고 맛있습니다. 제철 시금치를 양껏 먹으려다가 단백질도 보충해야지 싶어 시도한 레시피인데 반응이 좋았어요. 그 뒤로 시금치가 생기면 잊지 않고 해 먹는 중입니다. 슴슴한 샐러드 느낌으로 먹어도 좋았고, 간간한 나물 느낌의 밥반찬으로도 정말 좋았어요.

1인분 ●생닭가슴살 1개(100g) ●시금치 250g ●참기름 1큰술 ●간장 1큰술 ●깨소금 적당량

① 시금치는 뿌리 끄트머리를 아주 살짝만 잘라 낸 뒤 끓는 물에 30초간 데치고 바로 건져 내 찬물에 헹궈 물기를 손으로 꼭 짭니다. *Tip 물기를 꼭 짜지 않으면 물기가 생겨 맛이 덜해져요.* ② 냄비에 물을 넉넉히 담고 센 불에서 끓어오르면 생닭가슴살을 넣고 20분간 푹 익힌 뒤 꺼내 한 김 식힙니다. ③ 삶은 닭가슴살은 결 따라 손으로 먹기 좋게 찢어 둡니다. ④ 볼에 찢어 둔 닭가슴살과 데친 시금치, 참기름, 간장, 깨소금 1큰술을 넣고 손으로 골고루 무칩니다. ⑤ 접시에 옮겨 담고 깨소금 약간을 뿌려 마무리합니다.

◆ 시금치는 뿌리 쪽도 달고 맛있으니까 뿌리를 너무 많이 잘라내지 않도록 주의해 주세요~ 간이 싱겁다면 간장과 깨소금을 더하고, 시금치가 없다면 셀러리 잎 부분으로 무쳐도 색다른 느낌으로 맛있답니다.

RECIPE 13

두부그라탱

라자냐를 해 먹고 싶은데 라자냐용 파스타가 집에 없다면? 이럴 때는 포기하지 말고 파스타를 두부로 대신해 보세요. 부드러운 식감에 고소한 맛까지 토마토소스와 정말 잘 어울리고 더 건강하게 먹을 수 있어 일석이조랍니다. 그저 건강만 한 요리가 아니라는 건 만들어서 한입 먹는 순간 알게 될 거예요!

1인분 ●연두부 150g ●양파 50g ●마늘 5알 ●토마토소스 5큰술 ●모차렐라 치즈 100g ●올리브유 적당량 ●파슬리가루 ½큰술

① 마늘은 편 썰고 양파는 잘게 다집니다. ② 키친타월에 연두부를 올려 겉면의 물기를 제거한 뒤 1㎝ 두께로 썹니다. ③ 오븐용 접시 안쪽에 올리브유를 골고루 바르고 연두부를 빼곡하게 펼쳐 깔아 줍니다. ④ 연두부 위에 토마토소스를 잘 펼쳐 바릅니다. ⑤ 토마토소스 위에 마늘과 양파, 모차렐라 치즈를 순서대로 올립니다. ⑥ 오븐용 접시가 가득 찰 때까지 두부와 토마토소스, 마늘, 양파, 모차렐라 치즈를 같은 방법으로 반복해 얹고 마지막으로 모차렐라 치즈를 맨 위에 뿌립니다. ⑦ 에어프라이어나 오븐에 넣고 180도에서 10분간 굽습니다. ⑧ 접시를 꺼낸 뒤 파슬리가루를 뿌려 마무리합니다.

◆ 두부는 단단한 부침용 두부도 좋고 부드러운 연두부도 잘 어울려요! 원하는 식감에 따라서 다양한 종류의 두부로 만들어 보세요.

주로 사용하는 제품

폰타나 볼로네제 파스타소스

RECIPE 14

당근라페

당근은 특유의 미묘한 향 때문에 좋아하는 채소는 아니었어요. 그런데 그 은은한 단맛과 향기가 레몬즙과 머스터드에 섞이면서 정말 향긋한 샐러드가 되더라고요. 너무 신기해 계속 먹다 보니 어느새 당근을 좋아하게 되었지 뭐예요. 당근을 안 좋아하는 분들이 꼭 한번 맛보길 바라요. 당근이 이렇게 맛있었나 싶을 겁니다.

1인분 ●당근 1개 ●홀그레인 머스터드 ½큰술 ●올리브유 1큰술 ●레몬즙 1큰술 ●소금 1큰술 ●설탕 ½큰술

① 당근을 얇게 채 썹니다. ② 볼에 채 썬 당근과 소금을 넣고 잘 섞은 뒤 10분간 두어 절입니다. ③ 면보에 절인 당근을 올려 감싸고 손으로 물기를 꼭 짭니다. ④ 다른 볼에 물기를 제거한 당근과 홀그레인 머스터드, 올리브유, 레몬즙, 설탕을 넣어 골고루 버무립니다.

◆ 채칼을 이용하면 더 빠르고 편하게 만들 수 있어요. 사용할 때는 항상 손 조심!

주로 사용하는 제품

르네 디종 홀그레인 머스터드
레이지 레몬즙

RECIPE 15

낫토덮밥

낫토는 혈액순환에 좋다지만 미끌미끌한 식감 때문에 진입 장벽이 살짝 있지요. 낫토 초심자라면 밥 위에 이런저런 재료들과 함께 섞어서 먹는 것으로 시작해 보세요. 청국장과는 또 다른 낫토의 풍미에 금방 익숙해질 거예요.

1인분 ●현미밥 100g ●낫토 1팩 ●아보카도 ½개 ●달걀노른자 1개 ●참기름 ½큰술 ●쯔유 ½큰술 ●김가루 약간

① 넉넉한 그릇에 현미밥을 소복하게 담습니다. ② 낫토는 흰 실이 생기도록 1분간 잘 휘저어 둡니다. ③ 아보카도는 껍질과 씨를 제거한 뒤 반달 모양으로 얇게 슬라이스합니다. ④ ①의 현미밥 위에 쯔유와 참기름을 뿌린 뒤 섞어 둔 낫토와 아보카도, 김가루를 순서대로 올립니다. ⑤ 마지막으로 현미밥 가운데에 달걀노른자를 올립니다.

◆ 한꺼번에 다 섞지 말고 조금씩 먹을 만큼만 비벼 먹어요. 쯔유가 없다면 일반 진간장으로 대체하면 됩니다.

주로 사용하는 제품

풀무원 살아있는 실의 힘 생낫토
기꼬만 혼쯔유

RECIPE 16

토마토수프

포케 식당에 가면 한 그릇씩 파는 토마토수프나 한겨울의 따뜻한 굴라쉬… 토마토수프는 어디서 먹어도 마음 깊숙이 따끈해집니다. 집에서도 카레처럼 큰 냄비에 한 솥 끓여 두면 다양한 영양소를 골고루 챙길 수 있는 데다 한동안은 끼니 걱정을 덜 수 있지요. 들어가는 재료가 많아서 여유 있는 날 한번에 넉넉하게 끓여 두는 편입니다.

5인분 ●소고기 200g ●홀 토마토 2캔 ●양배추 200g ●토마토 1개 ●당근 100g ●양파 100g ●감자 100g ●파프리카 50g ●셀러리 50g ●마늘 5알 ●그라나 파다노 치즈 30g ●버터 1큰술 ●올리브유 1큰술 ●치킨스톡 2큰술 ●소금 약간 ●후추 약간

① 마늘은 편 썹니다. ② 소고기와 양배추, 토마토, 당근, 양파, 감자, 파프리카, 셀러리는 모두 사방 1cm의 정사각형 모양으로 자릅니다. ③ 큰 솥에 올리브유를 두르고 손질한 마늘과 양파를 넣은 뒤 중간 불에서 양파가 투명해질 때까지 가볍게 볶습니다. ④ ③에 홀 토마토를 넣어 주걱으로 적당히 으깹니다. ⑤ 소고기와 양배추, 토마토, 당근, 감자, 파프리카, 셀러리, 치킨스톡, 물 500㎖, 소금, 후추를 넣은 후 중간 불에서 한소끔 끓어오르면 약한 불로 줄여 뚜껑을 덮고 30분간 뭉근하게 익힙니다. *Tip* 중간중간 뚜껑을 열어 타지 않게 잘 저어 주세요. 물기가 부족하다면 물도 조금씩 보충해요. ⑥ 감자와 당근이 속까지 잘 익었다면 그라나 파다노 치즈와 버터를 넣고 잘 저은 뒤 다시 뚜껑을 덮고 10분간 약한 불에서 끓입니다. 맛을 보고 부족한 간은 치킨스톡과 소금으로 맞춥니다.

◆ 치아바타나 바게트 같은 단단한 식사빵을 곁들이면 더 맛있어요.

RECIPE 17

들깨굴미역국

꼭 생일이 아니더라도 김이 폴폴 나는 따끈한 미역국은 종종 생각나 입맛을 다시게 되는 메뉴인 것 같아요. 입안 가득 포근한 미역국에 굴과 들깻가루를 넣으면 풍미가 정말 대단해져서, 속을 따뜻하게 달래 줄 때 이만한 것이 없습니다.

1인분 ●굴 150g ●건조 미역 15g ●다진 마늘 1큰술 ●참기름 1큰술 ●국간장 ½큰술 ●멸치액젓 ½큰술 ●들깻가루 1큰술 ●소금 ½큰술

① 건조 미역은 찬물에 담가 10분간 불린 후 흐르는 물에 씻어 손으로 물기를 꼭 짠 뒤 먹기 좋은 크기로 썹니다. ② 굴은 흐르는 물에 살살 흔들어 헹구어 이물질을 제거합니다. ③ 냄비에 참기름을 두른 뒤 썰어 둔 미역과 다진 마늘, 국간장을 넣고 마늘 향이 올라오면서 미역이 부드러워질 때까지 중간 불에서 골고루 섞으며 볶습니다. ④ ③에 물 800㎖와 멸치액젓을 넣고 뚜껑을 닫은 후 약한 불에서 20분간 더 끓입니다. ⑤ 뚜껑을 열고 들깻가루와 소금을 넣고 잘 섞으며 풀어 준 후 굴을 넣고 바로 불을 끕니다. 맛을 보고 모자란 간은 소금으로 맞춥니다.

◆ 미역국은 오래 끓일수록 맛있고 굴은 최대한 덜 익혀야 맛있어요.
굴을 넣은 뒤에 바로 불을 끄고 잔열로 익혀 주는 것이 포인트!

RECIPE 18

피자가게 미트스파게티

피자를 시킬 때 사이드 메뉴로 꼭 같이 주문하게 되는 그 오븐 스파게티! 어렸을 때나 지금이나 한결같이 입맛 확 당기는 메뉴예요. 행복한 기억이 떠오르는 추억의 음식 하면 바로 이것이 아닐까요. 파스타 면만 삶아서 소스를 올리고, 오븐에 넣어 10분간 돌리면 끝나는 초간단 메뉴입니다.

1인분 ●스파게티 100g ●모차렐라 치즈 100g ●토마토소스 5큰술 ●올리브유 1큰술 ●파슬리가루 약간

① 소금으로 간한 끓는 물에 스파게티를 넣고 삶습니다. 포장지에 적힌 시간보다 2분 정도 더 끓여 푹 익힌 뒤 건져 내 볼에 담고 올리브유를 뿌려 섞어 둡니다. ② 오븐 용기에 스파게티를 담고 토마토소스를 올립니다. ③ 토마토소스 위에 모차렐라 치즈를 올린 뒤 파슬리가루를 뿌립니다. ④ 오븐에 넣고 180도에서 10분간 익힙니다.

주로 사용하는 제품

데체코 스파게티 면
폰타나 볼로냐 베이컨 볼로네제 파스타소스

RECIPE 19

간단 토르티야피자

케사디야 느낌의 작은 피자예요. 도우는 시판 토르티야를 사용해 마치 소꿉놀이처럼 재료를 하나씩 올리는 재미가 있지요. 집에 아이가 있다면 같이 놀이하듯 만들어 봐도 좋을 간편하고 손쉬운 요리입니다.

1인분 ●토르티야 1장 ●다진 양파 1큰술 ●다진 파프리카 1큰술 ●캔 옥수수 1큰술 ●모차렐라 치즈 30g ●토마토소스 1큰술 ●올리브유 적당량

① 달군 팬에 올리브유를 두르고 다진 양파와 다진 파프리카를 넣어 중간 불에서 양파가 투명해질 때까지 볶습니다. ② 토르티야 위에 토마토소스를 골고루 펼쳐 바릅니다. *Tip* 가장자리 1㎝ 부분은 비워 두고 발라 주세요. ③ ② 위에 볶은 양파와 파프리카, 캔 옥수수를 순서대로 올리고 모차렐라 치즈를 전체적으로 골고루 뿌립니다. ④ 에어프라이어에 넣고 180도에서 10분간 굽습니다. ⑤ 접시에 옮겨 담고 먹기 직전 한 입 크기로 자릅니다.

◆ 토마토소스 대신 바질 페스토를 발라도 향긋하고 맛있어요.

주로 사용하는 제품

폰타나 볼로냐 베이컨 볼로네제 파스타소스

RECIPE 20

중국냉면

중국집에 가면 여름철 별미로 맛볼 수 있는 중국식 냉면이에요. 생각보다 만들기도 쉬운데, 완성된 모양이 제법 근사해서 손님 대접할 때 참 좋습니다. 집에서 먹는 중국냉면의 매력에 푹 빠지게 될 거예요.

1인분 (육수) ●치킨스톡 1큰술 ●진간장 1큰술 ●식초 ½큰술 ●설탕 1큰술
(본 재료) ●냉동 중화면 1개 ●자숙 새우 5개 ●게맛살 30g ●오이 30g ●당근 30g ●파프리카 30g ●달걀 1개 ●땅콩버터 1큰술 ●올리브유 적당량 ●뜨거운 물 1큰술 ●얼음(선택 사항)

① 볼에 육수 재료를 모두 넣고 물 500㎖를 부은 뒤 설탕이 녹을 때까지 잘 섞고 냉동실에 잠시 넣어 차갑게 둡니다. ② 작은 볼에 땅콩버터와 뜨거운 물을 넣고 잘 섞어 풀어 둡니다. ③ 다른 볼에 달걀을 깨트려 넣고 잘 풀어서 달걀물을 만듭니다. ④ 달군 팬에 올리브유를 두르고 달걀물을 얇게 올려 지단을 부친 후 한 김 식힌 뒤 5㎜ 간격으로 얇게 채 썹니다. ⑤ 게맛살은 결 따라 손으로 얇게 찢어 줍니다. ⑥ 오이와 당근, 파프리카는 지단과 같은 두께로 가늘게 채 썹니다. ⑦ 새우는 끓는 물에 살짝 데쳤다 건져 내 체에 밭쳐 물기를 뺍니다. ⑧ 냉동 중화면은 끓는 물에 1분간 삶아 면이 풀어지면 바로 건져 내 찬물에 헹군 뒤 체에 밭쳐 물기를 뺍니다. ⑨ 그릇에 ⑧을 담고 손질한 모든 재료를 주변으로 빙 둘러 담습니다. ⑩ 냉동실에 두어 차가워진 육수를 부은 후 그릇 가장자리에 ②를 얹습니다.

◆ 얼음을 넣으면 한결 더 시원하게 먹을 수 있어요!

주로 사용하는 제품
청정원 셰프의 치킨스톡

도시락과 강아지의 기웃댐

초판 1쇄 인쇄 2023년 5월 10일
초판 1쇄 발행 2023년 5월 17일

지은이 홍지영
펴낸이 이승현

출판1 본부장 한수미
컬처 팀장 박혜미
편집 김수연
디자인 onmypaper
사진 정멜멜
스타일링 김지현
촬영 도움 정수호

펴낸곳 ㈜위즈덤하우스   **출판등록** 2000년 5월 23일 제13-1071호
주소 서울특별시 마포구 양화로 19 합정오피스빌딩 17층
전화 02) 2179-5600   **홈페이지** www.wisdomhouse.co.kr

ⓒ 홍지영, 2023

ISBN 979-11-6812-632-9 13590

- 이 책의 전부 또는 일부 내용을 재사용하려면 반드시 사전에 저작권자와 ㈜위즈덤하우스의 동의를 받아야 합니다.
- 인쇄·제작 및 유통상의 파본 도서는 구입하신 서점에서 바꿔드립니다.
- 책값은 뒤표지에 있습니다.